ANSHA

Heilen durch weiße Magie

Traditionen alter Heilkunst und alternative Therapien

Mit Illustrationen von Daphne Patellis

LUDWIG

– INHALT –

Vorwort

»Der Behandler hat nur eine Aufgabe, zu heilen, und wenn ihm das gelingt, ist es gleichgültig, auf welchem Wege es ihm gelingt!«

Hippokrates

Wenn wir eines Wunders gewahr werden, sprechen wir häufig davon, dass Magie im Spiel sei. Eines der größten Wunder aber nehmen wir häufig nicht wahr, solange uns nicht ein Zipperlein plagt – unsere Gesundheit. Müssten wir nicht immer wieder ehrfürchtig erstaunt sein, wenn wir sehen, wie unser Körper sich selbst regeneriert?

Wie die biochemischen Mechanismen funktionieren, haben wir zu einem kleinen Teil inzwischen herausgefunden; was wir aber nach wie vor nicht wissen, ist, wie die Heilung und auch das Erkranken mit den vielen anderen Faktoren zusammenhängen, die uns umgeben und beeinflussen. Das Unerklärbare, Unfassbare hat der Mensch immer schon den Bereichen des Glaubens zugeschrieben, und auch in der medizinischen Wissenschaft gibt es weite Felder, in denen sie nicht immer auf fundiertes Wissen, sondern auf Theorien, also eigentlich auch nur Vermutungen und Annahmen aufbaut. Danach handelt ein Arzt, wenn er Diagnosen stellt und Therapien vorschlägt. Oft hilft es dem Kranken, manchmal tut es das nicht. Völlig ungläubig aber steht die Medizin dann da, wenn ein von ihnen als »unheilbar« eingestufter Mensch dennoch plötzlich gesundet. Das heutige medizinische Weltbild, die Vorstellung, wie der Mensch funktioniert, hat auch seine Grenzen. Das darf den Medizinern nicht zum Vorwurf gemacht werden, denn Grenzen zu haben ist die Eigenschaft von Weltbildern – sie sind nützlich, und innerhalb des Rahmens, den sie durch Erkenntnisse und Regeln setzen, sind sie höchst wirkungsvoll. Das war schon immer so, und darum haben zu anderen Zeiten und in anderen Kulturen ebenfalls wirkungsvolle Methoden existiert, die Heilung und Heil förderten. Was man aber kritisch betrachten muss, ist die Einseitigkeit im Denken. Nicht etwa, weil ein Wissensstand heute als überholt gilt, ist damit alles, was einst als wirkungsvoll galt, heute nur Aberglauben. Einst wurde der Mensch als Ganzes betrachtet, seine Gefühle, seine Ängste und Hoffnungen, aber auch sein Umfeld so intensiv in die Diagnose und das Heilverfahren mit einbezogen, wie es heute kaum noch ein Arzt tut. Und deswegen sind unsere »Halbgötter in Weiß« eben auch nur »Halb«- Götter.

Heilung ist immer noch etwas Geheimnisvolles, etwas Magisches. Wir kennen zwar inzwischen das Zusammenspiel von Zellen, Hormonen, Neurotransmittern und Nerven, wie sich aber die Seele, der Geist und der Körper gegenseitig beeinflussen, das können wir nicht zufrieden stellend wissenschaftlich erklären. Auf andere Weise ist dieses Wissen dennoch vorhanden, denn es war einst das, was die Heilkundigen beherrschten. Für sie stand nicht das Reparieren eines unzureichend arbeitenden Körpers im Vordergrund, das Beseitigen von lästigen Symptomen, sondern das Wiederherstellen des Gleichgewichts der Kräfte, das es dem Kranken möglich macht, wieder gesund zu werden – oder in Frieden zu sterben. Andererseits darf man das Bild auch nicht verklären; die schöne heile Welt gab es zu keiner Zeit.

Die Heilkundigen, meistens Priesterinnen oder Magier, verfügten nicht über unser medizinisch-technisches Wissen, und nur mit Gebeten, Kräutern und magischen Seelenreisen kann man weder eine Blutvergiftung heilen noch verheerenden Seuchen Einhalt gebieten. Beides – Medizintechnik und Heilkunst – müssen zusammenwirken, um dem Menschen wirklich zu helfen. Das eine ist rational, zum Teil Handwerk, zum Teil Chemie, auch Hightech in seiner besten Nutzung. Die Heilkunst hingegen ist immer intuitiv, ganzheitlich, übergreifend, nie ganz fassbar, aber auf erstaunliche Weise wirkungsvoll. Heilkunst ist im besten Sinne magisch. Mit dieser »Kunst« möchte Sie dieses Buch vertraut machen.

Erwarten Sie aber nicht, dass Ihnen hier schnell wirkende Rezepte gegen jede Art von Krankheit vermittelt werden, das wäre vollkommen unredlich. Dafür möchte ich Ihnen vielmehr ein Wissen darüber vermitteln, welche die Heilung unterstützenden Möglichkeiten es gibt, die ihren Ursprung in den magischen Vorstellungen des Heilwerdens haben, die sich mit den wissenschaftlich nicht bewiesenen, aber dennoch uns beeinflussenden Kräften befassen.

Es soll Ihnen vor allem Anregungen geben, sich selbst ein Urteil zu erlauben, was für Sie stimmig und sinnvoll ist. Manches davon können Sie für sich selbst ausprobieren, bei anderen Heilmethoden ist es dienlich, sich jenen anzuvertrauen, die sich intensiver damit auseinander gesetzt haben. Denn man kann nicht die Heilmethoden der Alten oder anderer Völker oberflächlich kennen lernen und hoffen, mit einer imitierten Anwendung Heilung zu erfahren. Dazu gehört eine viel tiefere geistige Auseinandersetzung mit den Weltbildern der entsprechenden Kulturen. Aber wir können lernen und unser Wissen mit dem verbinden, das seit Jahrtausenden die Menschen zum Heilwerden führen will.

Und noch eines vorab – wir haben ein Gesundheitswesen, das vor allem die Erkenntnisse der Schulmedizin unterstützt. Nur sehr wenige, vornehmlich private Krankenkassen erstatten die Kosten für alternative Therapien. Das ist ein trauriges Faktum, das sich hoffentlich in Zukunft wandeln wird. Andererseits sind die alternativen oder ganzheitlichen Therapien auch so unerschwinglich nicht, und manches können Sie sogar selbst in Angriff nehmen. Und vergessen Sie nicht – an Ihrer Heilung sind Sie immer selbst am meisten beteiligt.

Das Wunder der Heilung

»Die ganze Kraft der okkulten Medizin liegt in der Bewusstheit des Willens, und ihre ganze Kunst besteht darin, den Glauben in ihrem Kranken zu wecken.«

Eliphas Lévi

Ob wir gesund oder krank sind, oder anders gesagt – ob wir uns gesund oder krank fühlen, hängt von einer ganzen Reihe von Faktoren ab. Nie gibt es eine einzelne, klar definierte Ursache, auch wenn manche Auslöser sehr offensichtlich erscheinen. Das anzuerkennen ist die Grundvoraussetzung, wenn man sich mit den magischen Heilkünsten befassen und sie verstehen will. Sie kennen mit Sicherheit die folgenden Situationen, die uns immer wieder überraschen und verblüffen.

Was beeinflusst das Immunsystem?

Sie haben das sicher schon erlebt: Man kommt in nahen Kontakt mit einem Menschen, der eine höllische Erkältung hat und der zum Herzerweichen niest und hustet. Den mit Krankheitserregern beladenen Tröpfchen würde man zwar gern aus dem Weg gehen, aber leider lässt sich der Kontakt nicht vermeiden. Ansteckung droht, doch was passiert – nichts. Sie bleiben wider aller Erwartung verschont. Ein anderes Mal hingegen brauchen Sie einen verschnupften Kollegen nur von weitem zu sehen, und es dauert keine zwei Sekunden und schon beginnt es in der Nase zu kribbeln.

Dafür hat man eine Erklärung gefunden: Man spricht vom Zustand des Immunsystems. Einmal war es gestärkt und funktionsfähig und hat die Krankheit abgewehrt, das andere Mal war es schwach und angeschlagen, und die eindringenden Bakterien oder Viren hatten leichtes Spiel.

Die folgende Situation kommt Ihnen bestimmt auch nicht unbekannt vor. Da gibt es einen Menschen, der ganz offensichtlich unter einer Behinderung leidet, entweder einer chronischen Krankheit oder einem körperlichen Defekt, und der sich dennoch vehement dagegen verwehrt, als Kranker bezeichnet zu werden. Weder Lebensfreude noch Heiterkeit, weder Mut noch Hoffnung haben ihn verlassen, sondern er akzeptiert seine Behinderung, aber lässt sie nicht zum Lebensinhalt werden. Ein anderer hingegen klagt beständig über irgendein Leid, das sich jeder

Diagnose entzieht, und trotz organischer Gesundheit fühlt er sich krank. Wenn es uns gelingt, die Frage, warum wir uns gesund oder krank fühlen, zu beantworten, ist der erste Schritt auf dem Weg einer effektiven Heilung getan.

Auch von diesen Wundern haben Sie schon gehört: Jemand, der unter ganz offensichtlichen Symptomen leidet, etwa einer Infektion, die nicht heilen will, wendet sich nach vielen fruchtlosen Arztbesuchen schließlich mehr oder weniger hoffnungsvoll an einen »Geistheiler«. Der verordnet ihm eine wunderliche Kur aus rituellen Praktiken, selbst zubereiteten Kräuterelixieren und dem täglichen Genuss von Edelsteinwasser, und binnen kurzem ist das Leiden geheilt.

Was hat gewirkt? Kräuter, Wasser, Rituale?

Wirklich lebensbedrohlich erscheint uns eine Krebserkrankung, die Chancen einer Heilung werden je nach Bösartigkeit und Ausbreitung der Tumorzellen als niedrig angesehen, die Behandlungen wie Bestrahlung und Chemotherapie sind äußerst unangenehm und belastend, ob sie wirklich hilfreich sind, darüber wird gestritten. Und doch gibt es Menschen, die es schaffen, allen negativen Prognosen zum Trotz die Krankheit zu besiegen.

Was regt die Selbstheilungskräfte an?

Ich habe Ihnen diese Fragen nicht beantwortet, wir wissen es nämlich nicht so richtig. Wir ahnen zwar das eine oder andere, wir forschen und suchen, aber eindeutige Erklärungen gibt es nicht. Und damit sind wir wieder bei der Magie. Magie wirkt. Das ist so, und die Resultate ihres Wirkens nennen wir wahlweise Wunder, Zufall, Mysterium, Schicksal, Pech oder höhere Gewalt. Was aber die magischen Kräfte sind, wie sie funktionieren und wie man sie nutzen kann, das hängt sehr eng damit zusammen, wie man die Welt um sich herum wahrnimmt, welche Vorstellungen man von sich selbst hat und mit welchem Bewusstsein man lebt.

Mit Magie kann man die Welt verändern, wenn man die in sich stimmigen Bilder verwendet, mit denen die magischen Kräfte erklärt werden. Und erklärt werden sie seit Menschengedenken. Wer sich mit den wohlgeordneten Systemen der Magier und Hexen, der Priesterinnen und Schamanen, der Druiden und Weisen Frauen befasst, der kann mit Magie vieles erreichen.

Die Beschäftigung mit den magischen Welten erfordert vom Einzelnen auch immer persönlichen Einsatz. Denn nur eine Formel aufzusagen oder ein Ritual nachzuvollziehen, das bewirkt noch nichts. Die Arbeit mit der Magie verlangt Mut und Willensstärke sowie das Verlangen nach Ganzheit. Sie erfordert auch, das rechte Maß zu finden, Veränderungen zu akzeptieren, die Kontrolle zu behalten und ein Leben im Gleichgewicht mit all den Kräften zu führen. Der Weg der Magie ist der Weg der Selbsterkenntnis und der Akzeptanz dessen, was man dabei findet. Magie ist der Weg zum »Heilsein«. Und allein damit trägt sie zur Heilung bei.

Krank machende Magie

Erfolgsdruck und Angst vor dem Fremden, festgelegte Normwerte und Maßstäbe, denen kaum jemand genügen kann – das alles gehört zu einer Beeinflussung, der wir tagtäglich ausgesetzt sind und die wie ein Fluch aus der Praxis der schwarzen Magie wirken kann.

Die destruktive Kraft der Angst

»Krankheiten befallen uns nicht aus heiterem Himmel, sondern entwickeln sich aus täglichen Sünden wider die Natur. Wenn diese sich gehäuft haben, brechen sie unversehens hervor.«

Hippokrates

Magie wird oft in zwei Farben aufgeteilt – weiß und schwarz. Gut und Böse wollen wir gerne sauber getrennt wissen. Gesundheit ist gut, Krankheit schlecht. Erfolg ist gut, Scheitern ist schlecht, Wachstum ist gut, Armut ist schlecht... Aber so einfach ist die Welt nicht. Betrachten Sie diese Aussagen einmal mit den »Augen« eines Bazillus. Für ihn ist Ihre Gesundheit tödlich, Ihre Krankheit findet er erheblich besser, denn da kann er sich so richtig entfalten. Sein Erfolg gefällt Ihnen überhaupt nicht, aber über sein Scheitern freuen Sie sich. Auch werden Sie das ungehemmte Wachstum eines Tumors gewiss nicht als positiv empfinden und mit allen Kräften versuchen, ihn loszuwerden.

Es ist also besser, sich zunächst einmal alles wertfrei vorzustellen. Jedes Ding hat seine zwei Seiten, es kommt darauf an, was man daraus macht.

Magie ist wertfrei, aber es wäre töricht zu leugnen, dass man sie zu unguten Zwecken einsetzen kann. Die Kräfte, die uns umgeben und durchdringen, können je nachdem, wie sie von uns eingesetzt werden, Gutes oder Böses bewirken. Magier aller Zeiten haben Methoden und Techniken gefunden, die das ermöglichen.

Gesundheit ist bis zu einem gewissen Maß Anschauungssache. Ich möchte Ihnen hier drei Anschauungen vorstellen, die man mit einer gewissen Berechtigung als krank machende Magie bezeichnen kann, denn sie leben in erster Linie von der Angstmache und der Übertreibung.

Gesundheitskult und Schuldzuweisung

Um erfolgreich im Leben zu sein, müssen Sie eine schlanke, jugendliche Figur haben, eine glatte, reine Haut, ebenmäßige Zähne, große, dicht bewimperte Augen, eine gerade Nase und zierliche Ohren. Ihre Hände müssen gepflegt, Ihre Fingernägel stark und Ihre Haare glänzend sein. Frauen müssen einen straffen Busen, eine zierliche Taille und gerundete Hüften zeigen, Männer breite Schultern, schmale Hüften und einen knackigen Po. Körperhygiene ist selbstverständlich, ein zarter Parfümduft obligatorisch, ein kleines Piercing originell.

Sie haben sich gesund zu ernähren, genügend Vitamine und Mineralstoffe, in ausgewogenen Mengen Kohlenhydrate und Eiweiße zu sich zu nehmen, Zucker und Fett tunlichst zu meiden. Frisches, unbehandeltes Gemüse und Obst, Vollkornprodukte aus biologischem Anbau sind zu bevorzugen, Fleisch nur in kleinen Mengen und aus unbedenklicher Aufzucht. Mindestens zwei Liter Flüssigkeit müssen Sie täglich zu sich nehmen, aber nicht in Form von Kaffee oder Alkohol. Überhaupt sollten Sie auf alle Genussmittel verzichten, doch einmal am Tag sollte der Puls für mindestens 20 Minuten lang bei einer Ausdauersportart auf 120 erhöht werden. Mindestens einmal im Jahr ist ein kompletter Gesundheits-Check notwendig.

Das ist ein hartes Arbeitsprogramm, um die Maschine erfolgreich am Laufen zu halten. Vor allem, wenn einem durch die Werbung gegenläufig suggeriert wird, dass man durch das Rauchen einer bestimmten Zigarettenmarke wilde Pferde bändigen kann, mit Fertigsuppen ein glückliches Familienleben schafft und durch den Konsum stark gesüßter Limonaden und fettiger Chips zum Mittelpunkt von »fun and action« wird.

Verstehen Sie mich nicht falsch: Die Zielsetzung und die Ratschläge, ein gesundheitsbewusstes Leben zu führen, sind durchaus richtig und gut. Natürlich sind Übergewicht, hoher Zigaretten-, Kaffee- und Alkoholkonsum nicht gerade gesundheitsfördernd. Auch verursacht mangelnde Bewegung vielfältige Beschwerden, und das Vernachlässigen von Hygiene können wir uns in unserer dicht bevölkerten Welt einfach nicht erlauben, denn so unbedingt sympathisch machen beispielsweise Mundgeruch und verfaulte Zähne nun auch wieder nicht.

Die Frage aber ist der Stellenwert, den wir dem daran gekoppelten Ziel »Erfolg« beimessen. Wenn wir glauben, dass all diese Dinge notwendige Voraussetzungen dazu sind, um im Wettkampf des Lebens Sieger zu bleiben oder zu werden, dann kann sich diese Gesundheitsanforderung recht hurtig ins Gegenteil verkehren. Denn dann wird sie zum regelrechten Stressfaktor.

Ich muss eine Diät machen, ich darf mein Fitnessprogramm nicht vernachlässigen, ich brauche eine Frischzellenkur, ich muss meine Vitamintabletten nehmen, desinfizierende Seife verwenden ...

»Wer vor seinem Schöpfer sündigt,
der soll dem Arzt in die Hände fallen!«

Jesus Sirach, 38,15

Ich bin krank geworden, weil ich zu fett gegessen, nicht genügend Magnesium und Kalzium zu mir genommen habe, drei Wochen nicht zum Joggen gekommen bin, nicht zum Frauenarzt gegangen bin, barfuß durch die Umkleideräume im Schwimmbad gegangen bin ...

Ich bin schuld an meiner Krankheit, weil ich gegen geheiligte Vorschriften verstoßen habe. Und jetzt werde ich zur Strafe aus dem Rennen ausscheiden – ich werde nicht mehr erfolgreich sein.

Die Killer warten auf Sie

Wir leben in einer gefährlichen und bösartigen Welt. Überall lauern Gefahren, regelrechte Killer, die nur darauf warten, über Sie herzufallen und Ihnen die Gesundheit zu rauben. Wir sind hilflose Opfer von Myriaden von Mikroorganismen. Viren stehlen sich heran, um durch Ihre Schleimhäute einzudringen, Bazillen huschen mit jedem Atemzug in die Lungen, Pilze befallen jede versteckte Hautfalte, Umweltgifte breiten sich heimtückisch in unseren Wohnungen aus, am Arbeitsplatz verströmt der Computer seinen Elektrosmog, und das Mobiltelefon sondert gehirnerweichende Strahlungen ab. In den Straßen wabern die Autoabgase, blasen die Klimaanlagen mit Krankheitserregern verseuchte Luft aus den Gebäuden. Wagen Sie sich aber aufs Land, fallen Pollen über Ihre Atemwege her und reizen Sie bis zu schweren Asthmaanfällen, und außerdem sind sie dort der UV-Strahlung schonungslos ausgesetzt. Legt ein liebevoller Mensch tröstend den Arm um Sie, zucken Sie zurück und murmeln: »Herpes!« Auch Ihre Eltern fangen an, Sie mit immer kritischeren Augen zu betrachten – was für heimtückische Veranlagungen haben Vater oder Mutter Ihnen in die Gene gelegt? Und schließlich – Sie wollen gerade eine Mahlzeit zu sich nehmen – müssen Sie damit rechnen, nicht unbeträchtliche Mengen von künstlichen Konservierungsstoffen, Hormonen, Karzinogenen, Pestiziden, Insektiziden und Schwermetallen zu sich zu nehmen. Rinderwahn und Schweinepest werden vielleicht ihre unsichtbaren Spuren hinterlassen. Oder Sie haben es mit bestrahlten oder genmanipulierten Lebensmitteln zu tun, deren Auswirkungen auf Ihre Gesundheit heute noch kein Mensch absehen kann.

Eine Horrorvorstellung, wenn man sich dessen bei jedem Atemzug, bei jedem Kuss, bei jedem Bissen bewusst wird.

Auch hier gilt, dass man diese Bedrohung durchaus ernst nehmen muss. Unsere Umwelt ist belastet, und die Anbau- und Zuchtmethoden der Nahrungsmittelindustrie sind äußerst fragwürdig, weil sie ausschließlich auf Profit ausgerichtet ist. Die Skandale in diesem Bereich, über die wir in den Medien erfahren, sind schließlich nur die Spitze des Eisbergs. Die Angst geht um.

»Alle Dinge sind Gift, allein die Dosis macht, dass ein Ding kein Gift ist. So viel wie nötig, aber so wenig wie möglich.«

Paracelsus

Ich bin krank geworden, weil ich zu lange am Bildschirm sitze, die Kollegen mit einer Virusgrippe darniederliegen, irgendein Gen bei mir an der falschen Stelle sitzt oder gar fehlt, die Birken blühen, ich einen Joghurt gegessen habe, dessen Verfallsdatum schon überschritten war, im Restaurant belastetes Rindfleisch vorgesetzt bekommen habe...

Die Umwelt ist schuld, mein Arbeitgeber, die Nachbarn, die Bauern, die Fischer, die Nahrungsmittelindustrie, die Eltern, die Großeltern, die Fremden, die ihre Krankheitskeime in dieses Land einschleppen. Alle bedrohen mich, und ich kann mich nicht dagegen wehren.

Der Feind Körper

Über so etwas Unappetitliches und Unangenehmes spricht man nicht. Nicht über Verdauung und Ausscheidung, nicht über die monatliche Blutung, nicht über die plötzlichen Schweißausbrüche, nicht über den peinlichen Juckreiz, nicht über eine Behinderung. Wir treten immer makellos auf und verkneifen uns tunlichst alles, was darauf hinweist, dass wir einen Körper haben, dessen Funktionen eigentlich ganz natürlich sind. Das hat einen Ursprung in einer äußerst körperfeindlichen Einstellung, die uns ein Weltbild vermittelt hat, das nur das Seelenheil hoch einschätzte. Doch das alleine hat noch nicht gereicht: Neben dieser Vorstellung des irdischen Jammertals, das wir notgedrungen in unserem Körper durchleiden müssen, entwickelte sich auf der anderen Seite auch noch die naturwissenschaftliche Vorstellung von dem mechanischen Funktionieren dieses kranken Körpers. Ist etwas zu viel, wird es weggeschnitten; ist etwas zu wenig, näht man es wieder dran; klappt die Chemie nicht, kippt man Chemie nach; weint das innere Kind, bekommt es einen pharmazeutischen Dämpfer, damit es Ruhe gibt. Um herauszufinden, was an der Maschine Körper fehlgesteuert ist, wird man auf kalte Stahlpritschen gelegt und in unheimliche Apparate geschoben, die mit unsichtbaren Strahlen den Körper durchleuchten. Man wird mit Nadeln gepiekt, schluckt Kontrastmittel, würgt

Schläuche in den Magen, gibt Blut, Speichel-, Stuhl- und Urinproben ab, und in medizinischen Labors werden dann die Körpersäfte und Gewebeproben auf ihre Normwerte untersucht.

Aber darüber sprechen, wie man sich dabei fühlt, das tut man selbstverständlich nicht. Man sitzt auf harten Stühlen in langen, neonbeleuchteten Krankenhausgängen, riecht die nützlichen, aber unangenehmen Desinfektionsmittel, wartet dabei voller Beklemmung auf das Urteil und bekommt schließlich gesagt, dass sich der Doktor Sowieso in einigen Tagen bei einem melden wird.

Bis zu diesem Termin herrscht dann das blanke Entsetzen.

»Die Erforschung der Krankheiten hat so große Fortschritte gemacht, dass es immer schwerer wird, einen Menschen zu finden, der völlig gesund ist.«

Aldous Huxley

Wir hängen an unserem Körper, er ist nicht nur ein Vehikel, um damit durch die kurze Spanne dieses Erdenlebens zu hetzen. Schön und gut, die Diagnoseverfahren sind hilfreich, wenn es um Früherkennung verschiedenster innerer Krankheiten geht. Aber muss das Verfahren mit mangelnder menschlicher Wärme und Zuwendung durchgeführt werden?

Körperfeindlichkeit hat heute nicht mehr so viel mit der Prüderie zu tun, wie wir sie aus dem 19. Jahrhundert kennen, sondern mit der Entfremdung der Ärzte vom Patienten. Dort, wo Laborwerte, Computeraufzeichnungen, fotografische Abbildungen und Statistiken wichtiger sind als der Mensch, macht die Medizin krank und heilt nicht mehr. Wo Geräteauslastung und Arzneimittelbudget wichtiger sind als Mitgefühl und Trost, versagt die Heilkunst.

Laborwerte und Diagnose vermitteln mir: Ich bin krank, denn meine Blutwerte liegen nicht in der Norm, mein Blutdruck verhält sich nicht adäquat, mein Herz hat den falschen Rhythmus, eines meiner Organe funktioniert nicht entsprechend der Vorschrift, das Hüftgelenk ist abgenutzt, die Bandscheiben verschoben, das Gehör und die Sehschärfe erfüllen nicht mehr die Auflagen… Ich bin unvollkommen, nicht normgerecht – eben krank.

Das Spiel mit der Angst – die schwarze Magie

Ich habe Ihnen hier drei Beispiele von Denkmustern vorgestellt, natürlich in übertriebener Form, um Ihnen damit zu verdeutlichen, wie man sich mit seiner eigenen Einstellung zur Gesundheit krank machen kann. Ängste spielen dabei eine wesentliche Rolle und können eine sehr destruktive Funktion einnehmen. Und in allen drei Mustern war Angst ein entscheidendes Merkmal:

- Die Angst, versagt zu haben, wenn man krank wird
- Die Angst vor der Bedrohung von außen
- Die Angst, physisch nicht »normal« zu funktionieren.

Diese Denkmuster werden uns zum Teil aufgedrängt – aber es gehören immer zwei dazu: einer, der drängt, und einer, der sich drängen lässt. In dem ersten Fall wird auf feinsinnige Weise das Ich manipuliert, indem ihm ein verlockendes Ziel vorgegeben wird. Ein Ziel, das in unserer Gesellschaft den höchsten Stellenwert hat: erfolgreich zu sein und diesen Erfolg nach außen zu dokumentieren. Sonst wird man ausgegrenzt. Versagen ist tabu, wer ein Tabu bricht, wird krank und stirbt. Das ist alte schamanische Magie oder, wenn Sie so wollen, ein Fluch!

Auf die gleiche Weise wirkt auch die ausgefeilte magische Vorgehensweise der christlichen Kirche – wer gegen ihre Regeln verstößt, sündigt; wer sündigt, wird bestraft, wird verdammt und kommt in die Hölle. Und die ist ziemlich ungesund.

Wer erkrankt, denkt anders, nimmt ungewohnte Zeichen und Botschaften an sich wahr, merkt, dass die anderen und die Welt für ihn anders werden.«

Helmut Milz

Im zweiten Denkmuster sucht man die Schuld nicht bei sich selbst, sondern bei allen anderen: bei der Umwelt, den Genen, den Politikern, den Arbeitsbedingungen. Es herrscht die Angst vor dem Unsichtbaren, von dem uns die Forschung und Technik so viel zu berichten wissen und das wir gläubig übernehmen. Die radioaktiven oder elektronischen Strahlen, die giftigen Ausdünstungen, die aggressiven Mikroorganismen und die schleichenden Gifte können wir nicht sehen, aber sie können unsere Gesundheit lebensbedrohlich gefährden. Doch das genaue Ausmaß erfassen wir mit unseren Sinnen nicht, und das macht einfach Angst. Das ist beste dämonische Magie – die Geister sind schuld, die unsichtbar wirkenden, unberechenbaren, launischen, böswilligen Götter und Dämonen.

Der Teufel als der Bösewicht ist die adäquate Entsprechung der Kirche hierzu. Der ist schuld!

Das dritte Beispiel ist noch etwas beklemmender. Hier wird ein Hilfe suchender, kranker Mensch in ein mysteriöses Ritual eingebunden, das in unverständlicher Sprache (Medizinerjargon) gehalten wird, muss sich körperlichen Demütigungen und Peinigungen durch seelenlose Maschinen und eine abweisende Priesterschaft unterziehen, die keine Auskünfte gibt und nur auf eine höhere Macht verweist, deren Normen und Vorschriften Gesetz sind.

Das ist schwarze Magie vom Feinsten. Das ist die Leugnung des Lebens. Das ist das unmenschliche Geschäft mit der Angst.

Fassen wir zusammen, welche Einstellungen krank machen:

- Ich bin schuld, ich werde immer schuld haben, ich werde nie was richtig machen.
- Ich bin ein hilfloses Opfer der Gene, Gifte, Strahlen, Viren und Bakterien.
- Ich bin eine nicht ordnungsgemäß funktionierende Maschine.
- Und alles das läuft auf einen ganz simplen Satz hinaus: Ich kann nichts tun!

Das muss nicht sein. Betrachten wir stattdessen die heilenden Kräfte der Magie. Magisches Wissen verhält sich anders als Faktenwissen. Wissenschaftliche Erkenntnisse kann man lernen, aber das Wissen über sich selbst muss jeder neu erfahren.

Heilende Magie der Vergangenheit

Schutzgeister, Kräutermedizin, Heilschlaf, heilende Hände, Zaubersprüche und Gebete – wenn man es genau betrachtet, finden wir ihre Entsprechungen sogar in unserer hochzivilisierten Welt wieder.

Die Entwicklung der magischen Heilkunst

»Die Tiere sind sterblich, aber sie begreifen diese Tatsache nicht ganz. Die Götter sind unsterblich und wissen das. Der armselige Mensch jedoch wurde zu einer unglückseligen Mischung. Er ist sterblich, und er weiß es.«

Ken Wilber

Trotz aller zuvor aufgeführten Horrorszenarien sollten wir den Blick auf die Wirklichkeit nicht verlieren. Fest steht, dass wir seit Menschengedenken die höchste Lebenserwartung haben. Erstaunlich viele Menschen erreichen ihren 100. Geburtstag, die großen Seuchen sind so gut wie ausgestorben, Infektionskrankheiten haben wir weitgehend im Griff, unsere Zähne fallen nicht mehr mit dem Alter aus, viele Organschäden können behoben werden, und die Unfallmedizin ist in der Lage, selbst schlimmste Wunden zu behandeln, Verletzungen, die früher die Menschen zu einem Dasein als Krüppel zwangen oder an denen sie starben.

Andererseits scheint es nicht so zu sein, dass wir gesünder geworden sind als die Menschen der vergangenen Generationen. Was gegenwärtig zugenommen hat, sind die Zivilisationskrankheiten, die psychosomatischen Krankheiten und die Autoimmunkrankheiten. Vereinfacht ausgedrückt sind das die Krankheiten der Gesellschaft und der Seele. Ihnen steht die Schulmedizin häufig hilflos gegenüber. Das ist auch kein Wunder, denn wer nur die Materie, die körperlichen Symptome untersucht und behandelt, aber die seelischen Ursachen ignoriert, kann auch nicht heilen, was die Seele krank gemacht hat. Nur die ganzheitliche Betrachtung des Menschen kann hier Abhilfe schaffen.

Das ist durchaus machbar, und dafür gibt es unzählige Möglichkeiten. Viele davon greifen auf das Wissen und die Methoden zurück, die wir heute manchmal belächeln und mit dem Etikett »Magie« versehen, manchmal auch einfach als Aberglaube bezeichnen.

Dennoch sollte man sie nicht gering schätzen, und um Ihnen zu erklären, was daran heilsam ist, möchte ich zunächst eine Brücke in die Vergangenheit schlagen und mir zusammen mit Ihnen ansehen, welche Möglichkeiten die Menschen in der vorwissenschaftlichen Zeit kannten, um ihre körperliche und seelische Gesundheit magisch zu beeinflussen. Es war, und das möchte ich gleich vorausschicken, nicht nur sinnlose Quacksalberei und Scharlatanerie, auch wenn es so etwas – genau wie heute auch noch – gegeben hat. Aber einige Konzepte waren durchaus brauchbar und finden sich, richtig gedeutet und übersetzt, heutzutage in den verschiedensten Therapien wieder. Der Zauber wirkt weiter auf seine eigene geheimnisvolle, unergründliche Art und Weise. Und das wird nach und nach auch anerkannt.

Beispielsweise fand ich in einem sehr informativen aktuellen sechsbändigen Werk den erstaunlichen Hinweis, dass das Vorkommen von Spinnenfüßen und Schlangenhaut in einem mittelalterlichen Arzneimittel nicht zu einem ironischen Schmunzeln verleiten dürfe. Diese Mittel hatten für unsere Ahnen einen ganz bestimmten Sinn und eine Notwendigkeit. In dem genannten Werk wird darauf hingewiesen, dass man diesen ergründen müsse. (Illustrierte Geschichte der Medizin, Prof. Dr. med. Richard Toellner, Bechtermünz Verlag, Augsburg 2000)

Begleiten Sie mich also zurück in die Vergangenheit, und betrachten wir das Weltbild der frühen Menschheit, in dem die göttliche Seele noch in allem wohnte und wirkte, in der Religion, Magie und Naturerkenntnis noch nicht voneinander getrennt waren.

Tiergeister, Ahnen und beseelte Natur

Das Weltverständnis der Alten beruhte auf dem sinnlichen Erfassen der materiellen Umgebung und dem Staunen darüber, dass sich die Dinge eigenständig zu entwickeln pflegen. Denn der Wandel des Mondes und der Rhythmus der Gezeiten, das Kommen und Gehen der Jahreszeiten, aber auch das Eintreten von Katastrophen allgemeiner und persönlicher Art – diese Dinge ließen sich nicht so leicht mit dem Verstand erfassen und erklären.

Einige Sucher und Denker bemühten sich, hinter diese Wunder zu schauen, und mit erstaunlicher Treffsicherheit entwarfen sie Erklärungsmuster, die – wie man heute erkennt – gar nicht so abwegig sind, wenngleich die verwendeten Begriffe und Bilder uns heute eher zum Lächeln bringen.

Das, was zwar nicht mit den Sinnen erfassbar und mit dem Verstand erklärbar ist, aber dennoch existiert, kann nicht einfach geleugnet werden. Es ist da, und es wirkt wechselweise mit dem, der es beobachtet. Die frühen Weltbilder sind in sich schlüssig, denn sie kombinieren rational Verstandenes mit mystisch Erkanntem. Was nicht zu erfassen ist, was unerklärlich bleibt, gehorcht anderen als den eigenen überschaubaren Kräften. Doch diese sind nicht getrennt von der Welt, sondern wohnen ihr inne. Die Natur ist beseelt. Ein Baum wächst deshalb, weil eine Dryade darin wohnt und ihn betreut. Der Geist der Tiere kann gerufen werden, und die Tiere folgen dem Ruf des Schamanen. Die Ahnen sind zu Sternen geworden und wachen über die Lebenden. Eine Quelle spendet heilendes Wasser, weil die Hüterin der Quelle sie segnet. Allerdings sind nicht alle Geister wohlwollend, manche neigen dazu, Schabernack zu treiben, wieder andere sind gar rachsüchtig und zerstörerisch, alle sind irgendwie unberechenbar. Will man mit ihnen kommunizieren, muss man eine Sprache wählen, die sie verstehen, und das sind gemeinsame Bilder, Analogien und Symbole.

Das naturmagische, heidnische, schamanische Weltbild ist das der personifizierten Naturkräfte. Sonne, Mond, Planeten, Vorfahren, Pflanzen, Tiere, auch bestimmte Orte sind von Geistern bewohnt – und somit nehmen diese Wesen konsequent Einfluss auf die Menschen. Sie können Glück bringen oder Ärger bereiten, helfen oder schaden, heilen oder krank machen. Die Priesterin oder der Schamane weiß um das Verhalten der Geister, die erfahrenen Wanderer haben die Geisteswelt erforscht und können benennen, was da wirkt. Und wer den Geist benennen kann, gewinnt Macht über ihn, kann ihn beispielsweise beschwören oder verbannen, ihn besänftigen oder zum Schaden anderer einsetzen.

Es gibt für die Menschen, die in diesem Glaubensmuster leben, keinen Zweifel daran, dass die Welt auf diese Weise funktioniert. Darum kann der Medizinmann den Kranken heilen oder einen anderen Menschen zu Tode verfluchen. Beides kann unweigerlich eintreten – Heilung oder Tod.

Schamanisches Heilen

Der Schamane – der Stammespsychologe, so würde man ihn heute bezeichnen – verfügt über Kräuterwissen und kennt Heilpflanzen, Giftpflanzen und solche, die das Bewusstsein erweitern. Daneben beherrscht ein Schamane auch die Techniken, sich willentlich und kontrolliert in einen anderen Bewusstseinszustand zu versetzen. Er setzt dieses Wissen zum Wohle seines Stammes ein, vielleicht um den Geist des Jagdwildes zu beschwören oder die jungen Jägerinnen und Jäger zu initiieren, um die Toten zu begleiten oder um die Kranken zu heilen.

»Der Schamane weiß, dass die Menschen mit allen Lebensformen verwandt sind.«

Michael Harner

Die Erfahrung, was Heilen bedeutet, hat der Schamane bei seiner Einweihung gewonnen, die uns sicher erschreckend vorkommt. Denn er hat dabei erlebt, was es heißt, körperlich zu erkranken und anschließend zu gesunden. Im Grunde durchleidet er willentlich eine lebensbedrohende Krankheit und lernt daraus, Heilung zu verstehen. Das Prinzip der schamanischen Heilkunst beruht darauf, die verlorene seelische Kraft des Kranken aus der Geisterwelt zurückzuholen, sie wieder einzugliedern und damit den Gesundungsprozess in Gang zu setzen. Das ist gar nicht so verrückt, wie es sich zunächst anhört.

Betrachten wir die magische Welt der Schamanen etwas genauer, und dann können Sie selbst eine Reise dorthin unternehmen.

Die Welt ist viergeteilt – die eine, die materielle Welt kennen Sie vermutlich recht gut. Solange wir mit unserem Bewusstsein ganz im Hier und Jetzt sind, halten wir uns in dieser alltäglichen Welt auf, nehmen sie wahr, handeln in ihr.

Die mittlere Welt ist ihr nicht unähnlich, Sie finden Sie, wenn Sie die Augen schließen und sich beispielsweise Ihren Arbeitsplatz vorstellen. Sie sehen Ihren Schreibtisch, vielleicht Ihr Handwerkszeug, Ihre Kollegen, die

Kaffeetasse, aus der sie zu trinken pflegen. Das alles ist genau so, wie es in der materiellen Welt auch ist. Wenn Sie also plötzlich Ihren Hund oder eine Person, die dort noch nie war, neben dem Bildschirm sitzen sehen, dann ist diese Erscheinung ein Hinweis darauf, dass Sie sich in der mittleren Welt befinden. In der mittleren Welt kann man Raum und auch Zeit überwinden. Man wechselt aber nicht die Ebene bei Reisen in die untere oder die obere Welt – in die Ebenen des Unter- und Überbewussten.

In der unteren Welt, der Welt der Erinnerungen aus vormenschlicher Zeit, treffen Sie in naturbelassenen Landschaften vor allem Tiere an. Wir haben tierische Ahnen, und es sind wohl ihre Geister, die in diesen Tiefen noch immer präsent sind. Wenn Sie es schaffen, ihnen zu begegnen, können Sie Kontakt mit ihnen aufnehmen. Manche von ihnen werden zwar scheu sein, manche gleichgültig – eines aber wird Ihr Freund sein: Ihr Schutz- oder Krafttier, Ihr geistiger Helfer.

In der oberen Welt, die gewöhnlich durch das Besteigen eines Baumes erreicht wird, finden sich die Lehrer der Schamanen in vielfältiger Gestalt. Sie kann menschlich sein, muss es aber nicht. Hier befinden Sie sich in der Welt des Übermenschlichen, vielleicht des Ewigen, und um Kontakt aufzunehmen, bedarf es einer intensiven Beschäftigung mit den schamanischen Lehren. Denn die Art des Reisens in die verschiedenen Welten will gelernt sein, und man braucht große Selbstkontrolle und Disziplin, die dort vorgefundenen Bilder sinnvoll zu nutzen. Es wäre reichlich übermütig anzunehmen, dass man bereits nach den ersten experimentellen Schritten in diesen Bereichen des Unbewussten Heilerfolge erzielt. Nichtsdestotrotz ist die Fähigkeit, andere Welten zu visualisieren, eine der wichtigsten, die man einsetzen kann, um seine eigenen verborgenen Kräfte kennen zu lernen. Wenn Sie also Vertrauen in das naturmagische Weltbild haben, dann können Sie sich zum Einstieg in diese Denkweise auf die Suche nach Ihrem persönlichen Schutztier machen. Zum einen fördert das Ihre Fähigkeit, sich zu entspannen und auf Ihr Inneres zu konzentrieren, zum anderen weckt es Ihr Gefühl für die Verbindung mit anderen Lebewesen. Und wenn Sie wahrhaftig Kontakt mit einem Ihnen freundlich gesonnenen Tiergeist aufgenommen haben, so werden Sie einen Helfer haben, der Sie auf weiteren Reisen begleitet und der Ihnen die verborgenen Schätze zeigt, mit denen Sie Ihre Heilung unterstützen können.

Es bietet sich an, diese erste Übung nur dann zu machen, wenn Sie sich gesund fühlen. Wenn Sie krank sind und Hilfe dieser Art wünschen, sollten Sie einen in den schamanischen Heilkünsten versierten Menschen aufsuchen, der Ihnen und Ihrem Arzt Näheres über die seelischen Ursachen Ihres gestörten Gesundheitszustandes sagen kann. Wer die Ursache kennt, kann sie beheben. Natürlich nur, wenn er will.

Praxis: Das eigene Schutztier finden

Gewöhnlich ist es die Trommel oder die Rassel, die sozusagen als »Transportmittel« in die anderen Welten dient. Im Grunde sind es jedoch die monotonen Geräusche, die den

Trancezustand erzeugen, in den der Schamane eintritt, wenn er sich auf die Reise macht. Es überfordert Sie vermutlich zunächst etwas, zu trommeln oder die Rassel zu bewegen und sich gleichzeitig in Trance zu versetzen. Darum bietet es sich an, diese Übung zu zweit zu machen. Sie benötigen nicht unbedingt eine Schamanentrommel, irgendein Gefäß und ein Schlegel wird sich in Ihrem Haushalt finden lassen, mit dem Sie das gleichmäßige Geräusch erzeugen können. Es sollte zwischen 180 und 240 Schlägen pro Minute liegen und nicht länger als 15–20 Minuten anhalten. Vereinbaren Sie mit Ihrem Partner auch ein Signal für die Rückkehr, etwa einige einzelne Trommelschläge oder einen anderen Rhythmus.

Um auf die Reise zu gehen, sollten Sie sich an einen ruhigen Ort zurückziehen, an dem Sie für die Dauer der Übung nicht gestört werden. Legen Sie sich gemütlich nieder, und schließen Sie die Augen. Es ist hilfreich, sich gegebenenfalls sogar eine Schlafbrille aufzusetzen oder die Augen zu verbinden, um eine größere Dunkelheit zu erzielen. Lassen Sie ihren Atem bis in den Bauch fließen. Diese tiefe, langsame Atmung wirkt ungemein entspannend. (Siehe auch Kapitel »Luft ist Leben«, Seite 85ff.)

Wenn das Trommeln oder Rasseln einsetzt, machen Sie sich auf die Suche nach einem Eingang in die untere Welt. Er kann sich Ihnen als Höhle, Tunnel, Gang eines Tierbaus, ausgehöhlte Wurzel eines alten Baumes oder etwas Ähnliches darstellen.

Nun müssen Sie etwas Mut aufbringen und durch diesen Eingang gehen. Sie werden eine Landschaft betreten, die Ihnen vielleicht bekannt vorkommt, möglicherweise ist sie Ihnen jedoch völlig fremd. Betrachten Sie das Land eine Weile, und wenn Sie sich orientiert haben, bitten Sie darum, die Tiere sehen zu dürfen.

Es kann sein, dass eines oder mehrere erscheinen, aber nicht alle sind Ihre Schutz- oder Krafttiere. Manche werden Sie überhaupt nicht beachten, andere werden sich von Ihnen abwenden. Fragen Sie diese Tiere mit Respekt und Höflichkeit: »Bist du mein Schutztier?« Das Tier, das zu Ihnen gehört, wird sich viermal in unterschiedlicher Weise zeigen.

Gewöhnlich sind es wilde, ungezähmte Geschöpfe, doch selbst wenn es ein bedrohliches Tier ist, wird es Ihnen nicht schaden. Zumeist sind die helfenden Tiergeister Säugetiere oder Vögel; Reptilien oder Insekten sollten Sie bei Ihren ersten Reisen meiden. Sie stammen aus viel zu alten Schichten und sind nicht leicht zu kontrollieren. Sollten sie auftauchen, schicken Sie sie mittels Ihres Willens fort oder gehen Sie ihnen aus dem Weg. Diese Macht haben Sie in dieser – Ihrer eigenen – inneren Welt.

Hat sich Ihr Schutztier zu erkennen gegeben, können Sie es bitten, Ihnen mehr von dem Land zu zeigen, und vielleicht wird es Ihnen auch Fragen beantworten. Aber erwarten Sie nicht gleich zu viel, Sie werden mit diesem geistigen Helfer erst nach und nach vertraut werden.

Wenn Ihr Begleiter mit der Trommel den Rhythmus verändert, beenden Sie den Kontakt zu Ihrem Freund. Bitten Sie das Tier, dass es Sie zu Ihrem Ausgangsort zurückbegleitet. Verabschieden Sie sich von Ihrem Gefährten, und kommen Sie langsam wieder in den Wachzustand zurück.

Mit einiger Übung können Sie die Kräfte Ihres Schutztieres immer rufen, wenn Sie sie benötigen. Achten Sie auch in Zukunft darauf, wie sich Ihr Verhältnis zu Tieren verändert und welchen sie ganz »zufällig« begegnen.

Wenn Sie krank werden, können Sie, sofern Sie vertraut sind mit dem Helfer aus der unteren Welt, ihn bitten, Sie von Ihren Beschwerden zu befreien. Bei mir hat eine wuchtige Braunbärenmutter eine wunderbar lindernde Wirkung auf Kopfschmerzen.

Hinweis Es gibt übrigens unter den alternativen Heilern auch bei uns inzwischen einige, die eine schamanische Ausbildung erhalten haben.

Heilige Wälder, heilende Quellen

Gehen wir in der Geschichte des magischen Heilens zeitlich einen Schritt weiter. Nachdem einige Völker ausreichend über die beseelte Natur und ihre Kräfte nachgedacht hatten, rückte für sie der Mensch weiter in den Mittelpunkt. Doch Menschen sind nicht leicht zu verstehen. Sicher, man kann Männlein und Weiblein unterscheiden, kennt die charakteristischen Verhaltensweisen von Kleinkindern, stürmischen Heranwachsenden, aufstrebenden Helden und werdenden Müttern, gesetzten Matronen und trotteligen Alterchen. Man kann sogar anhand bestimmter Verhaltensweisen und äußerlicher Merkmale die Clanzugehörigkeit erkennen. Aber warum zwei sich mögen, andere sich hingegen beständig in den Haaren liegen, warum es Angsthasen und Tollkühne gibt, künstlerisch Begabte und rohe Haudegen, mütterlich Sorgende und gleichgültige Egoisten, das erschließt sich nicht auf den ersten Blick.

»Der Geist der Toten belebt (...) einen anderen Körper in einer anderen Welt. Wenn das, was ihr singt, der Wahrheit entspricht, so ist der Tod nur die Mitte eines langen Lebens.«

Lukan

Es müssen höhere Kräfte am Werke sein. Diejenigen, die das Leben, die Menschen und das Zusammenspiel mit jenen Kräften erforschen, wie die Druiden und Barden, finden eine Welt von Göttern vor, deren Eigenschaften zwar durchaus menschlich, aber in ihrer Macht übermenschlich sind. Diese Götter bilden Familien, Clans, Interessengemeinschaften. Sie gehen ihren eigenen Angelegenheiten nach, lieben und bekriegen sich, helfen einander oder betrügen sich gegenseitig, verspotten oder rühmen sich. Den Suchenden, so wissen die Druiden zu berichten, ist es möglich, zwischen den Welten zu wandern, und schließlich glauben sie daran, dass der Tod nur einen Übergang in jene Anderswelt bedeutet, in der man eine Zeit lang verweilt, um dann in anderer Gestalt zurückzukehren. »Ich bin in vielen Gestalten gewesen, bevor ich meine endgültige Form fand«, singt der Barde Taliesin und weiß davon zu berichten, dass er

Adler war und Speer, Buch und Lampe, Brücke und Baum und vieles mehr. Das Wandern in der Anderswelt ist sicher vergleichbar mit dem Reisen der Schamanen, doch die Menschen haben sich weiterentwickelt, und die Bilder sind nicht nur auf die Tier- und Pflanzenwelt beschränkt: Es sind auch Werkzeuge, Waffen und Behausungen in den Erinnerungen eingegraben. Und so finden sich folglich in jener Welt auch magische Schwerter, schreiende Steine, in die Hand zurückkehrende Lanzen und der wundersame Kessel der Wiedergeburt.

Wenn auch die Vorstellungen unserer hiesigen Vorfahren, der Kelten, nicht mehr rein schamanisch waren, so blieben dennoch die Naturkräfte bestimmend, und die Verbindung zu allem Lebenden war eng gewebt. Ihre Götterwelten tragen starke Züge der naturmagischen Zeit, manche von ihnen sehen sogar noch ein wenig Tieren ähnlich und haben Hufe oder tragen Geweihe.

Göttinnen können sich zwanglos in Raben, Kühe, Wölfinnen oder Schlangen verwandeln, andere schleudern Blitze, rühren das Wasser auf oder reiten auf Sturmrossen durch den Himmel.

Wir wissen einiges davon, denn die späteren Missionare haben die Erzählungen aus der Vorzeit aufgeschrieben. Allerdings wurden sie zensiert und angepasst an das christliche Weltbild. Zwar hatten die Kelten bereits eine Schriftsprache, doch sie verwendeten ihr Baumalphabet nur zu magischen Zwecken. Somit waren es vorrangig mündliche Überlieferungen, die lange Zeit von den Barden und Sängern von Generation zu Generation weitergegeben wurden. Aus diesen Sagen, aber auch aufgrund von archäologischen Forschungen wissen wir heute, dass den Kelten vor allem bestimmte Orte heilig waren.

Einerseits, weil dort der Kontakt zur Welt der Götter und Naturgeister leichter war als an anderen Stellen, andererseits auch aus dem Grund, weil dort Heilung möglich war – und ist. Beispielsweise sind manche der heiligen Quellen heute noch viel besuchte Heil- und Kurbäder, und dass der Aufenthalt im Gebirge, in alten Wäldern und am Meer erquickend für die Gesundheit ist, erfahren wir in jedem Urlaub aufs Neue.

Aber die Magie geht tiefer. Sie ist die Verbindung mit der Natur und das Erkennen der unsichtbaren Fäden, die uns mit allem in der Natur Vorhandenen verweben.

Mistelzweig und Opfergaben

Die Priester der alten Religionen waren gleichzeitig die Heilkundigen. Sie kannten die heiligen Orte, die Welt der Götter und Naturgeister, aber auch die Heilkraft der Pflanzen und der heiligen Worte. Überliefert ist uns von den Römern, dass bei den Kelten die Mistel beispielsweise einen hohen Stellenwert als Allheilmittel hatte. Der weiß gewandete Druide mit der goldenen Sichel ist zur Abwechslung einmal keine Erfindung der Fantasyfilmer, sondern ist historisch belegt.

Die Mistel ist allerdings als Heilpflanze lange in Vergessenheit geraten. Doch sie galt einst als Symbol für den Kreislauf des Lebens, für Geburt, Tod und Wiedergeburt, und da sie als Wirtspflanzen auf Bäumen lebt, ohne sichtbaren Kontakt zur Erde, galt sie als vom Himmel gefallenes Geschenk der Götter. Sie fand Einsatz bei kräutermedizinischen und heilmagischen Anwendungen. Später jedoch verschwand sie für lange Zeit aus der Pharmakologie. Aber in der alternativen Medizin hat man ihre Heilkraft wieder neu entdeckt.

Neben der Kräutermedizin kannten die Kelten vor allem eine Therapie, die eng in Verbindung mit den heiligen Orten in der Natur stand. An jenen Plätzen, an denen die Kräfte der Erde und des Himmels sich berühren, den Heiligen Hainen und geheiligten Gewässern, hat man unzählige Votivgaben gefunden. Diese in Holz geschnitzten oder in Ton geformten Abbildungen von erkrankten Gliedmaßen wurden den göttlichen Kräften übergeben, damit sie die Genesung bewirkten. Vor allem Göttinnen, die eng mit den Gewässern verbunden waren, wurden dort angerufen. Sequana, die der Seine den Namen gegeben hat, wirkte beispielsweise an einem Heilungstempel, Coventina tat Gleiches in Großbritannien und viele, deren Namen verloren gegangen sind, an anderen Heilquellen.

Die Heilmagie, um die es hier geht, bezeichnet man von ihrer Art her als Sympathiemagie. Nicht, weil sie so freundlich ist, sondern weil sie eine Kraft auf einen Gegenstand überträgt. Diese Form der magischen Arbeit wird häufig missgedeutet, und oberflächlich gesehen ist das Basteln eines Abbildes der Krankheit und das Einritzen irgendwelcher Zeichen in Holzstückchen keine etablierte Therapie. Trotzdem zeigt sie ihre Wirkung. Denn alles ist miteinander verbunden, auch wenn es für uns nicht erkennbar ist.

Praxis: Votivgaben herstellen

Um eine Erkrankung zu heilen, muss man sie erkennen. Das bedeutet, sich nicht nur rational mit ihr auseinander zu setzen, sondern anzuerkennen, dass sie ein körperliches Zeichen für ein inneres »Un-Heil« ist. Diese nicht rationale, sondern unbewusste Beschäftigung mit der Krankheit ist ein Akt der Magie, und dazu sind, wie üblich in der Kunst der Bewusstseinsänderung, bildhafte Vorstellungen ein probates Mittel. Ein Druide würde Ihnen raten, sich ein Abbild Ihrer Krankheit zu schaffen. In welcher Form Sie das tun, bleibt Ihnen überlassen. Sie können es zeichnen oder basteln, schnitzen oder kneten. Wie immer Sie es herstellen, wesentlich ist, dass Sie sich in rituell magischem Rahmen damit beschäftigen.

Vorbereitung Suchen Sie Materialien zusammen, mit denen Sie die Votivgabe herstellen möchten. Zusätzlich benötigen Sie ein Schälchen feines Salz, eine Kerze und Räucherwerk, vorzugsweise Salbei. Es gibt Räucherstäbchen oder Kegelchen, aber auch die getrockneten Blätter können Sie einsetzen.

Ritualablauf Suchen Sie sich einen ungestörten Platz, und nehmen Sie sich Zeit für Ihre Beschäftigung. Waschen Sie sich die Hände im Bewusstsein, einen symbolischen Akt zu vollziehen, der Sie von belastenden Gedanken befreit. Nehmen Sie dann das Salzschälchen, und verstreuen Sie davon einige Körnchen in einem weiten Kreis um Ihren Arbeitsplatz. Diese rituelle Handlung dient der Abgrenzung von störenden Einflüssen von außen. Zünden Sie Kerze und Räucherwerk an, denn Kerzenlicht unterstützt die weihevolle Stimmung, und Salbei reinigt die Atmosphäre. Konzentrieren Sie sich anschließend ganz auf die Herstellung der Votivgabe. Es mag sein, dass Ihnen die Beschäftigung mit Ihrer Krankheit plötzlich höchst unangenehm ist, vielleicht tauchen unterdrückte Ängste auf, die Sie in diesem Zusammenhang noch nie gespürt haben. Lassen Sie sie zu, und versuchen Sie, diese Gefühle in das Werk, das Sie herstellen, einfließen zu lassen. Es wird möglicherweise außerordentlich hässlich oder eine verblüffende Schönheit erreichen. Lassen Sie Ihre Hände arbeiten, nicht Ihren Kopf.

Wenn das Abbild fertig ist, schließen Sie die Augen und danken Sie Ihrem Körper, dass er Ihnen gezeigt hat, was nicht »heil« ist. Löschen Sie die Kerze und das Räucherwerk, wischen Sie die Salzkörner auf, und kehren Sie in die reale Welt zurück.

Wenn Sie dazu in der Lage sind, sollten Sie einen stillen, kraftvollen Ort in der Natur aufsuchen und dort die Votivgabe den höheren Mächten übergeben, die dort wirken. In hohen Bäumen wohnen beispielsweise die Götter, an verborgenen Quellen wirken Heilung spendende Göttinnen, und in alten Kapellen, oft an magischen Orten errichtet, herrscht noch die Kraft der Heiligkeit und Heilung.

Die Erstellung und Übergabe einer Votivgabe ersetzt selbstverständlich nicht die medizinische Therapie, aber sie kann die Ursachen der Erkrankung bewusst machen. Und wer dem Dämon einen Namen geben kann, kann ihn bannen.

Und hier noch ein Schutzzauber, den Sie sprechen können, bevor Sie sich an den Ort der Heilung begeben. Er wird dem heiligen Patrick zugeschrieben, dem Kelten und Schutzpatron Irlands:

»Ich beginne diesen Tag
mit der Kraft des Himmels:
Dem Licht der Sonne, dem Strahl
des Mondes, dem Glanz des Feuers,
der Eile des Blitzens, der Schnelligkeit
des Windes, der Tiefe des Meeres,
der Festigkeit der Erde,
der Standhaftigkeit des Felsens.«

Hinweis Heute finden Sie diese Form der Heilungsunterstützung in der Kunst- und Gestaltungstherapie.

Runenrat und Wortmagie

Die Welt der Germanen und der Kelten ähneln sich in vielen Bereichen. Auch bei den Germanen ist ein enger Bezug zu den Naturkräften erkennbar. Die Götter sind in der Lage, Tierform anzunehmen; es gibt einen

Weltenbaum Yggdrasil, der die obere, mittlere und untere Welt miteinander verbindet und den allerlei mythisches Getier bevölkert. Ganz unten, an den Wurzeln des Baumes, liegt der Brunnen der Weisheit, der Urd-Brunnen, an dem die drei Nornen, weise Frauen, die die Vergangenheit, die Gegenwart und die Zukunft verkörpern, das Wissen hüten. Die Götter bewohnen die obere und untere Welt und lassen sich gelegentlich bei den Menschen blicken. Überhaupt verhalten sie sich recht menschlich, zuzeiten äußerst raubeinig und kämpferisch. Daneben gibt es noch zahlreiche Naturgeister wie Elfen, Zwerge, Trolle, Riesen und Feen. Sie bevölkern die dichten Wälder, die dunklen Höhlen in den Bergen, die einsamen Quellen, und der eine oder andere Drache bewacht eifersüchtig unbeschreibliche Schätze. Die Vermittlung zwischen den Welten der Menschen und der Götter und Geister oblag den Runenweisen und vor allem den Seherinnen. In der Hand dieser Frauen lag auch das Heilwissen.

Astrunen lerne, wenn ein Arzt du sein und Krankheit erkennen willst! Man ritze sie auf die Borke und des Baumes Gezweig, der ostwärts die Äste streckt.

Edda, Runengedicht

Aus jener Zeit haben wir bereits einige schriftliche Überlieferungen, denn die Germanen besaßen die Runen. Heilende Worte, Zaubersprüche, geschrieben in heiligen Zeichen, als Amulett getragen, eingeritzt in den Bettpfosten des Kranken oder der Gebärenden, sind uns überliefert. So findet man in dem Runengedicht der Edda, in dem jedes einzelne Zeichen durch einen Vers erklärt wird z. B. dieses:

Gebärrunen brauche,
willst zur Geburt du helfen,
lösen da Kind von der Kreißenden
Auf die Hand soll man sie graben
Und um die Glieder sie spannen
Bei den Disen Gedeihn erflehen.

Seherinnen und Runenpriester

Odin, auch Wotan genannt, der Oberste des germanischen Göttergeschlechts, den Asen, nahm sein persönliches Martyrium auf sich, um das Runenwissen von den drei Nornen, den Hüterinnen des Urd-Brunnens, zu lernen. Er gab ein Auge dafür und opferte sich selbst, indem er sich neun Tage und neun Nächte ohne Speise und Trank kopfüber in den Baum über dem Brunnen hing, an der Seite durch einen Speer verwundet. Es handelt sich dabei um eine schamanische Prüfung, die mittels Schmerz und Entbehrung zu einer hellsichtigen Trance führte. Sie ist nicht zur Nachahmung empfohlen. Sie ist auch nicht notwendig, denn Odin hat das Opfer für die Menschheit gebracht: Er hat seinem Volk die Runen gegeben und ihr Geheimnis verraten.

Die Seherinnen und Runenpriester der Germanen waren sich über die hintergründigen Bedeutungen der Runen im Klaren. Jede einzelne Rune ist Sinnbild ganz bestimmter kosmischer oder göttlicher Kräfte. Sie bilden ein magisches System aus Symbolen, ähnlich wie in späteren Zeiten das Bilderwerk der Tarotkarten. Die innige Beschäftigung mit ihnen setzt diese Kräfte frei. Ob als Talisman eingeritzt in Holz, Stein oder Knochen, auf dem Schwert oder dem Schild getragen, am Türpfosten oder auf dem Grabstein verewigt, zu Mustern auf Geschirr und Gewebe verarbeitet, im Fachwerk der Holzhäuser, geschnitzt in hölzerne Boote – Runen finden sich überall in der germanischen Welt.

Wie mächtig Runen sein können, zeigt die jüngere Vergangenheit, als das Naziregime sie zu Machtzwecken missbrauchte.

Praxis: Mit den Runen raunen

Magische Kräfte kann man zum Schaden und zum Heil einsetzen, und darum ist es unsinnig, die Runen selbst als gefährlich zu betrachten. Es sind immer die Menschen, die ihren Gebrauch bestimmen. Zur Unterstützung von Heilung können Sie sich z. B. einen Runentalisman herstellen, ihn weihen und entsprechend Ihrem Leiden einsetzen. Dabei ist eine wesentliche Voraussetzung, dass Sie sich so intensiv wie möglich mit der Rune selbst verbinden. Verwenden Sie also keinen fertigen Runenstein, sondern stellen Sie Ihren Talisman selbst her. Natürliche Materialien wie ein flacher Kiesel, ein Stück Holz oder Ton können als Grundlage dienen, Plastik jedoch nicht. Bilden Sie darauf die gewünschte Rune ab, und weihen Sie sie anschließend als Talisman. Diese Weihe ist im Grunde nichts anderes als ein intensives Nachdenken über die Kraft, die die Rune symbolisiert.

Als Hilfestellung finden Sie nachfolgend jeweils eine positive Formulierung, eine Art Merksatz, der Ihr Vertrauen in diese heilende Kraft unterstützen soll. Wiederholen Sie diesen Satz mehrere Male, wobei Sie den Talisman in der Hand halten und das Zeichen auf sich wirken lassen. Anschließend können Sie ihn auf das erkrankte Körperteil oder einfach unter das Kopfkissen legen und dort seine Wirkung entfalten lassen.

Hinweis Heute wird Wortmagie auch NLP, Neurolinguistisches Programmieren, genannt, oder sie wird beispielsweise in Verbindung mit dem »Positiven Denken« und mit Autosuggestion eingesetzt.

Rune	Name	Heilwirkung	Merksatz
ᚠ	Fehu, Macht und Materie	Zur Kräftigung und bei seelischen Krisen	Ich nehme meine Macht an.
ᚢ	Uruz, der Ursprung	Zur Stärkung der Abwehrkräfte	Ich forme die Macht durch meinen Willen.
ᚦ	Thurisaz, der Donner	Zur Abschirmung gegen schädliche Einflüsse	Mit meiner eigenen Macht schütze ich mich.
ᚨ	Ansuz, die Dichterrune	Bei Erkrankungen der Sprechorgane	Die Macht meiner in Worte gefassten Gedanken heilt mich.
ᚱ	Raidho, die Ordnung und der Weg zum Ziel	Zur Wiederherstellung der organischen Ordnung im körperlichen, geistigen und seelischen Bereich	Ich befinde mich auf dem richtigen Weg der Heilung.
ᚲ	Kenaz, die Flamme	Bei hohem Fieber, Entzündungen, Vereiterungen, Brandwunden, und Erkrankungen im Genitalbereich	Mit meinem inneren Feuer reinige ich mich.

Rune	Name	Heilwirkung	Merksatz
ᚷ	Gebo, das Geschenk	Zur Auflösung von Energieblockaden	Mich durchströmen die heilenden Kräfte.
ᚹ	Wunjo, die Freude	Zur seelischen Aufheiterung und Stärkung der Selbstheilung	Freude befreit mich von Leid.
ᚺ	Hagalaz, der Hagel	Zur Harmonisierung der Körperenergien	Ich akzeptiere die Gegensätze und finde Hilfe in ihnen.
ᚾ	Naudhiz, das Reibefeuer	Zur Abwehr und Verhinderung von Krankheiten, gegen Depression und Müdigkeit	Ich ziehe Nutzen aus meinem Schicksal.
ᛁ	Isa, das Eis	Zur Wiederbelebung erfrorener Lebenskräfte	Die (innere) Erstarrung/ Lähmung weicht von mir.
ᛃ	Jera, die Ernte	Zum Einschwingen auf die natürlichen Rhythmen	Ich schwinge im heilenden Rhythmus des Lebens.
ᛇ	Eihwaz, der Weltenbaum	Zur psychosomatischen Ursachenklärung der Krankheit	Ich besiege das Unheilsein im Erkennen meiner wahren Ziele.
ᛈ	Perthro, der Würfelbecher	Zur Aufheiterung und Aktivierung der Lebensgeister	Ich wecke meine verborgenen hilfreichen Potenziale.
ᛉ	Elhaz, der Elch	Zur Selbstheilung oder zur Heilung anderer	Kosmische Energie durchdringt mich.
ᛊ	Sowilo, die Sonne	Zur Stärkung der Chakras	Ich habe den Willen zur Heilung.
ᛏ	Tiwaz, der Stern	Zur Erkennung der Notwendigkeit einer Krankheit	Ich vertraue auf meine inneren Heilkräfte.
ᛒ	Berkano, die Birke, die Erdmutter	Zur Stärkung der Muskulatur, der Knochen und generell der Widerstandskraft	Ich verbinde mich mit den heilenden Kräften der Erde.
ᛖ	Ehwaz, das Pferd	Zur Förderung der körperlichen und geistigen Beweglichkeit	Körper und Geist heilen sich gegenseitig.
ᛗ	Mannaz, der Mensch	Zur ehrlichen Suche nach dem Sinn der Krankheit	Ich bin ein Mensch!
ᛚ	Laguz, das Meer	Zum Erlernen und Anwenden von Kräuterwissen	In meinem Unbewussten ruht die Kraft zur Heilung.
ᛜ	Ingwaz, der Erdgott	Bei Schwangerschaft und zur Förderung der Fruchtbarkeit	Ich ruhe in mir selbst.
ᛞ	Dagaz, der Tag	Zur Vorbeugung und Festigung der Gesundheit	Die Schatten weichen von mir.
ᛟ	Othala, die Heimat	Zur Überwindung der Selbstabkapselung	Ich bin Teil des Ganzen.

Götter und Helden

Die Völker der Antike, führend unter ihnen die Griechen, waren stark naturverbunden. Nichtsdestotrotz begannen Denker und Philosophen, sich mehr und mehr der Welt auf analytische Weise zu nähern. Die Götter verloren – bis auf wenige – den engen Bezug zu den Naturkräften und wurden menschlicher in ihren Eigenschaften. Unberechenbar blieben sie dennoch. Das ist das Zeitalter der Mythen, jener gewaltigen Erzählungen über das Zusammenwirken von Göttern und Helden. Sie beschreiben ein Weltbild, das fest in den Vorstellungen jener Menschen verankert war. Man wusste, dass die Götter vornehmlich mit ihren eigenen Angelegenheiten beschäftigt waren.

Diejenigen jedoch, die ihre Wege erforscht hatten, wussten, dass, wenn man sie mit der ihnen gebührenden Ehrfurcht anruft, sie sich dem Menschen zuneigen und auf die irdischen Belange einwirken. So oder so: Nicht immer muss ihr Eingreifen für die Menschen förderlich sein, weshalb sie den Göttern mit großem Respekt begegnen.

»Arzt Aller, Asklepios, herrschender Paian, tausend schmerzliche Leiden der Krankheit heilst du den Sterblichen.«

Orphische Hymne an Asklepios

Je weiter sich dieser Götterhimmel entwickelte, umso mehr gelang es besonders verdienstvollen Irdischen, ihre Aufnahme im Himmel zu erreichen: Es waren Helden und Heldinnen, aber vor allem Herrscher, Gottkönige und Kaiser.

Auch diese Glaubenswelt ist in sich schlüssig für jene, die in ihrer Tradition aufgewachsen sind. Ob ägyptische, griechische oder römische Götter – sie können, wenn man ihre Eigenschaften kennt und die Regeln des Zusammenlebens befolgt, angerufen werden. Sie bewirken dann, dass Liebe aufblüht oder Hass glimmt, Wohlstand wächst oder Schaden entsteht, Ängste oder Hoffnungen aufkeimen, Kranke geheilt oder Gesunde krank werden. Und auch im Tod stehen sie den Menschen zur Seite, denn schließlich führen die Götter die Seelen der Verstorbenen in die andere, jenseitige Welt.

Heilende Götter und die Priesterärzte

Hatten einst die Schamanen ihr Leben damit verbracht, den Kontakt mit den geheimen Kräften der Natur zu halten und die Welt der Geister, Tiere und Ahnen zu bereisen, so wurden es nun die Priesterinnen und Priester, die zu Mittlern zwischen den Menschen und den Göttern der sakralen und der profanen Welt wurden. Sie entwickelten Formen, wie sie mit den göttlichen Gestalten zu kommunizieren hatten, und so wurden gewaltige Hymnen gedichtet, Gesänge und Gebete erlernt, heilige Gesten verwendet, Mysterienspiele veranstaltet, Altäre errichtet und Opfer gebracht. Die PriesterInnen kannten die Riten und Symbole, die heiligen Handlungen und wohlformulierten Anrufungen. Wurden sie mit der gebührenden Ehrfurcht vorgebracht, begleitet von Wohlgerüchen und klangvollen

Gesängen, dann waren die Götter ihnen geneigt. Sie um Hilfe zu bitten war selbstverständlich, natürlich auch im Krankheitsfall. Daher lag folglich die Aufgabe in der Hand der Priester und Priesterinnen, die Leidenden zu begleiten, sie einerseits durch die Rituale zu führen und ihnen andererseits Linderung zu verschaffen. Die Kenntnis der Heilkräuter, der Wundversorgung und der Krankenpflege war ebenfalls eine Angelegenheit der Priester. Viele Pflanzen, die damals zu Ehren der Götter als Räucherwerk verbrannt oder zu Salben und duftenden Ölen verarbeitet wurden, sind auch als wirksame Heilpflanzen eingesetzt worden.

Einer der Götter, der im Erkrankungsfall grundsätzlich als hilfreich galt, war Asklepios oder Äskulap. Als Sohn des Apollon wurde er von dem heilkundigen Kentauren Chiron – ein Wesen, halb Pferd, halb Mensch, von dem der Begriff der Chirurgie hergeleitet wird – erzogen und ausgebildet. Die Symbole des Äskulap sind die sich um den Stab windenden Schlangen. Dieses Bild findet sich noch heute überall dort, wo Heilkunst praktiziert wird.

Die Tempel des Äskulap, des griechischen Gottes der Heilkunde, waren Orte, zu denen die Kranken sich begaben, um im heiligen Tempelschlaf Rat oder Heilung zu finden. Diese Tempel befanden sich in Gegenden von besonderer Schönheit, oft in der Nähe heilender Quellen oder am Meer. Die Leidenden, die dorthin pilgerten, wurden von den Priestern und Heilkundigen, den *Asklepoi* (was »unermüdlich sanft« bedeutet) auf die Begegnung mit dem Gott vorbereitet. Die rituellen Vorbereitungen wie Fasten, bestimmte Diäten, innere und äußere Reinigung, Salbungen, körperliche Übungen, Gebete und Opfergaben gehörten zu den körperlichen Therapien wie auch zur geistigen Einstimmung. War die Vorbereitung abgeschlossen, wurde der Kranke in eine abgeschlossene Kammer im Tempel geführt, wo er auf einem bequemen Lager den Schlaf erwartete. Äskulap, der Gott der Heilkunst, erschien im Traum, erklärte dem Schlafenden, mit welchen Kräutern, welchen Behandlungen oder mit welchen Änderungen in seinem Leben er seine Krankheit überwinden konnte. Manchmal, so heißt es, waren es auch die heiligen Schlangen des Äskulap, die diese Aufgabe übernahmen, und zu Spontanheilungen kam es, wenn diese Schlangen die Wunden leckten.

Nach dem Tempelschlaf waren es wieder die Priester und Heilkundigen, denen es oblag, die Träume zu deuten und die Behandlung nach den Maßgaben des göttlichen Heilers durchzuführen.

Der Tempelschlaf ist eine sehr weise Einrichtung, denn er fordert einerseits von dem Kranken, aktiv an seiner Heilung mitzuarbeiten, schenkt ihm aber andererseits Ruhe und Frieden sowie das tiefe Vertrauen in die göttliche Hilfe.

Wir haben keine Heiltempel mehr, ein Krankenhaus kann man schwerlich als solchen bezeichnen, aber schlafen und träumen können wir noch immer. Und es kann uns niemand verwehren, den Rat des göttlichen Heilers zu suchen, denn die Götter sind nicht von uns gegangen. Sie sind nur in Vergessenheit geraten.

Praxis: Heilende Traumarbeit

Insbesondere bei akuten Erkrankungen infektiöser Art ist es der Körper selbst, der den Heilschlaf verlangt. Sie haben sicher auch schon einmal mit einer heftigen Erkältung, einer Darmgrippe oder bohrenden Kopfschmerzen zu kämpfen gehabt und festgestellt, dass Sie sich dann am wohlsten im Bett fühlten. Falsch machen können Sie also mit dieser Übung gewiss nichts. Aber sie verlangt etwas mehr von Ihnen, als nur zu schlafen. Sie verlangt Vorbereitung und die Trauminkubation.

Ein Ritual gibt den Rahmen des Tempelschlafes. Es sollte kein sehr aufwändiges sein, denn wenn man sich nicht besonders gut fühlt, ist jede Anstrengung belastend. Fasten, Reinigen, Beten sind die drei Dinge, die vor dem Schlaf erfolgen müssen. Das Fasten ist im Krankheitsfall ohnehin meist ein natürlicher Begleitumstand, und es geht auch nicht darum, jegliche Nahrungsaufnahme zu vermeiden, sondern eine entschlackende Diät mit viel Flüssigkeit durchzuführen. Die Reinigung kann je nach Krankheitsfall ein heißes Bad, eine ausgiebige Dusche oder nur eine symbolische Waschung sein, die mit dem Bewusstsein ausgeführt wird, sich auf die Begegnung mit dem Heiligen vorzubereiten. Das Beten bedeutet die Anrufung der Gottheit. Der Tradition folgend ist diese Gottheit entweder Asklepios, Äskulap, der Gott der Heilkunst, Sohn des strahlenden Apollon, oder seine beiden Töchter, Hygieia, die personifizierte Gesundheit, und Panakeia, die Göttin des Allheilkrautes. Wenn Ihnen die alten Götter jedoch zu fremd sind, können Sie auch Ihren »Inneren Heiler« oder Ihren Schutzengel bitten, Ihnen im Traum zu erscheinen und Ihnen Rat zu erteilen. Wichtig ist vor allem, dass Sie eine höhere Macht anrufen, der Sie vertrauen. Die Anrufung oder das Gebet muss nicht langatmig und ausgefeilt sein, es reicht, wenn Sie mehrfach den Namen der göttlichen Kraft nennen und sie um Beistand in Ihrem Traum bitten.

Und dann schlafen Sie einfach ein.

Wenn Sie aufwachen, sollten Sie eine Weile mit geschlossenen Augen liegen bleiben. Versuchen Sie, sich an so viele Einzelheiten Ihres Traumes zu erinnern, wie Sie können. Es mag sein, dass Sie wirklich die Begegnung mit einem göttlichen Arzt hatten und genaue Anweisungen erhielten, aber manchmal sind es auch andere Gestalten oder auch nur symbolische Bilder oder Worte, die auftauchen und über die es sich lohnt nachzudenken. Ihr Körper verrät Ihnen auf die eine oder andere Weise, wodurch die Störung der Gesundheit entstanden ist und wie Sie sie wieder beseitigen oder lindern können. Manchmal allerdings ist der Rat unbequem und fordert ein Ablegen geschätzter Gewohnheiten oder eine Lebensumstellung.

Der Rat des Äskulap ist das eine – ihn zu befolgen, das ist Ihre Sache.

Doch bevor Sie das tun, sollten Sie auf jeden Fall mit einem Heiler oder Arzt sprechen und die Erkenntnisse, die Sie in Ihrem Heilschlaf gewonnen haben, mit ihm gemeinsam in die Therapie mit aufnehmen.

Hinweis Heute wird diese Beschäftigung mit den Träumen in der Traum- und Hypnosetherapie angewendet.

Die vier Elemente – die Basis aller Magie

»Ich schwöre bei Apollon, dem Arzt und Asklepius und Hygieia und Panakeia und allen Göttern und Göttinnen...« So beginnt der Eid des Hippokrates, des Arztes, der auf Kos, der Insel mit dem bekanntesten Äskulap-Tempel, im Jahre 460 v.u.Z. geboren wurde. Hippokrates gilt unter den Medizinern als der Arzt schlechthin, doch mit den Priesterärzten des Tempels hatte er nicht viel gemein. Er war einer der Ersten, der sich wissenschaftlich der Heilkunst näherte. Wie man an dem Eid erkennen kann, waren die Götter dennoch fest in sein Lebensbild eingebunden. Den Hippokratischen Eid schwört heute noch jeder Mediziner.

Die Philosophen der Antike haben tiefgründig über das Leben und das Sein nachgedacht und Erklärungen für den Aufbau der Welt gesucht.

Hippokrates war ein Zeitgenosse des Philosophen Empedokles, der von ca. 490–430 v.u.Z. lebte und der erstmals den Gedanken der vier Elemente prägte, die die Basis für alles Sein darstellen – Feuer, Wasser, Erde und Luft. Sie sind nicht einzeln wirksam, sondern stehen miteinander in Verbindung; entweder ziehen sie sich an, oder sie stoßen sich ab. Und nur wenn sie sich im Gleichgewicht befinden, ist Leben möglich.

Diese magisch-philosophische Vorstellung aus dem Altertum hat auch für eine Jahrhunderte dauernde medizinische Betrachtung des Menschen die Grundlage gebildet. Aus ihr entstand die Vier-Säfte-Lehre, die das Zusammenwirken von Schleim (phlegma), Blut (sanguis), schwarzer (melaina cholé) und gelber Galle (cholé) beschreibt und mit der die Arten der Erkrankungen dargestellt wurden. Aus ihr wiederum entwickelte sich weitergehend die Lehre von den vier Temperamenten, dem aufbrausenden Choleriker, dem gleichmütigen Phlegmatiker, dem leichtblütigen Sanguiniker und dem schwermütigen Melancholiker.

Dass sich die Eigenschaften von Feuer, Wasser, Luft und Erde im Charakter des Menschen wiederfinden, hat sich bis heute in der modernen Psychologie erhalten.

»Alle Elemente der Welt befinden sich auch im Menschen, und mit ihnen wirkt der Mensch.«

Hildegard von Bingen

Die Reduktion der Grundstoffe auf lediglich vier Elemente mag uns heute sehr schlicht erscheinen, aber man sollte die empirischen Erkenntnisse unserer Vorfahren nicht unterschätzen. Sie haben keineswegs so simpel gedacht, wie sich das hier anhört. Das Vier-Elemente-System ist auf unzählige Gegebenheiten anzuwenden, und besonders wirkungsvoll demonstriert es die Gesundheit unseres gesamten Ökosystems. Und damit zeigt es auch die Gesundheit des Menschen, der ein Teil davon ist.

Im übertragenen Sinne steht Feuer für den Willen des Menschen, Wasser für seine Gefühle, Luft für seinen Verstand und die Erde für seinen Körper. Sind Wille, Verstand, Gefühle und Körper im Einklang miteinander, stehen sie in einem harmonischen Gleichgewicht zueinander und zu der Umwelt, dann ist auch der Mensch ganz und heil.

Krankheit und Charakter

Alle magische Arbeit greift auf die Analogien zu den vier Elementen zurück. Das höchste Ziel der heilenden Magie ist, den authentischen, also den selbstbestimmten, mitfühlenden, verständigen und gesunden Menschen zu entwickeln.

Heil werden bedeutet hier, die inneren Kräfte auszugleichen, ihr rechtes Maß zu finden, Mangel zu beseitigen und Überschuss abzubauen.

Betrachten wir als Beispiel einen Menschen mit einem Zuviel an Feuerkräften, den so genannten Choleriker. Er wird stark willensbetont sein, immer nach Erfolg und Anerkennung streben, sich gegenüber anderen durchsetzen wollen, der Karriere hinterherhetzen und unter dauerndem Stress leben. Seine Gefühle sind entweder explosiv oder werden unterdrückt, weil sie dem Willen im Weg stehen. Sein Verstand mag scharf sein, aber nicht weise, und seinen Körper kennt er nur als Mittel zum Kampf. Ein Choleriker ist er nach alter Definition, der ständig mit hochrotem Kopf polternd durch das Leben prescht, dem ständig die Galle überläuft, bis ihm sein hoher Blutdruck und sein Herz die Grenzen zeigen oder ihn eine feurige Fieberkrankheit ans Bett fesselt.

Der Sanguiniker hingegen ist ein Luftikus, schnell mit Ideen, schnell mit dem Wort, kühl in der Berechnung, visionär im Blick auf die Zukunft, aber ein rechtes Nervenbündel, launisch, hektisch, abgehoben, letztendlich oberflächlich. Wer aber seinen irdischen Körper zugunsten des Intellekts vernachlässigt, entfremdet sich ihm, bekommt Nervenkrisen und Krämpfe, Herzrhythmusstörungen und Asthma und wird anfällig für psychosomatische Krankheiten.

Die Phlegmatiker, die dem Element Wasser zugeordnet werden, haben es in der Hinsicht besser, sie sind gleichmütiger, ausgleichender, auf Harmonie bedacht, horchen auf ihre Gefühle und Intuitionen. Aber dafür mangelt es ihnen an Durchsetzungskraft, sie können antriebslos sein, Opfer, verletzlich und in sich zurückgezogen. Wer um der Harmonie willen alles herunterschluckt, bekommt Verdauungsprobleme oder entzieht sich durch dauerhafte Müdigkeit den Konflikten des Lebens. Es lagern sich die ungeweinten Tränen als Wasser ins Bindegewebe ein, oder sie werden zu Tumoren.

Der vom Erdcharakter beherrschte Mensch, der Melancholiker, geduldig und fest, pragmatisch und handlungsorientiert, ist zu tiefsinnigen Gedanken fähig, neigt aber auch – wie die Zuordnung zur schwarzen Galle, der melaina cholé, schon sagt – zu Melancholie bis hin zu Depression. Seine Festigkeit kann buchstäblich zu Versteinerungen führen, z. B. zu Gallen-, Nieren- und Blasensteinen. Geistige Versteinerungen hingegen resultieren in Dogmatismus bis hin zu Demenz.

Neigt man besonders stark zu einem der vier Elemente, sollte man zum Ausgleich immer versuchen, die fehlenden Anteile zu entwickeln und zu pflegen, um den Krankheitsneigungen entgegenzuwirken.

Praxis: Meditation im magischen Kreis

Die vier Elemente sind Basiskräfte der Magie. Sie sind in allem und überall, in uns, um uns herum in der Natur, im Universum, im Mikrokosmos und im Makrokosmos. Jeder kann lernen, sie zu nutzen und sie zu harmonisieren – zuerst für sich selbst, dann für seine Umwelt. Vielleicht wissen Sie schon, zu welchem Charaktertyp Sie überwiegend neigen, wenn nicht, kann Ihnen diese kleine Tabelle einen Anhaltspunkt geben.

Kreuzen Sie einfach die Kästchen an, die den Begriff enthalten, der Ihrer Meinung nach am besten auf Sie zutrifft.

	Feuer	**Wasser**	**Erde**	**Luft**
Lebensprinzip	Wollen	Fühlen	Handeln	Denken
Motivation	Inspiration	Sehnsucht	Gewohnheit	Neugier
Verhalten	idealistisch	phantasievoll	pragmatisch	visionär
Charakter-eigenschaften	Leidenschaft Willensstärke	Einfühlsamkeit Nachgiebigkeit	Festigkeit Ernsthaftigkeit	Leichtigkeit Heiterkeit
Selbstdarstellung	dramatisch	gefühlvoll	kompetent	brillant
Fehler	Überheblichkeit	Empfindlichkeit	Trägheit	Oberflächlichkeit
Stärken	dynamisch	harmonisierend	verlässlich	sachlich
Vorlieben für	Abenteuer	Mystisches	Natürlichkeit	Kommunikation
Abneigungen	Routine	Disharmonie	Veränderung	Langeweile
Lieblingstätigkeit	Bewegung	Träumen	Essen	Lesen
Im Denken	zielorientiert	ganzheitlich	tiefsinnig	scharfsinnig
Im Handeln	mitreißend	kreativ	sorgfältig	schnell
In der Liebe	feurig	romantisch	treu	bezaubernd
In Konflikten	aufbrausend	ausweichend	ungerührt	verletzend
Sternzeichen	Widder, Löwe, Schütze	Krebs, Skorpion, Fische	Stier, Jungfrau, Steinbock	Zwillinge, Waage, Wassermann
Summe				

Zählen Sie nun die Kreuze in den einzelnen Spalten zusammen. Das Element, das die wenigsten Nennungen erhalten hat, ist in Ihrem Leben derzeit unterrepräsentiert und kann Ursache für bestimmte Misshelligkeiten sein. Um zu einem tieferen Verständnis für die fehlenden Eigenschaften zu kommen, können Sie im magischen Kreis, im Kreis der vier Elemente, darüber meditieren.

Ritual des magischen Kreises

Sie benötigen vier Kerzen, die Sie in vier Himmelsrichtungen um sich herum aufstellen: eine gelbe im Osten, eine rote im Süden, eine blaue im Westen und eine grüne im Norden. Die Farben und die Himmelsrichtungen symbolisieren die vier magischen Kräfte, und wenn Sie schon etwas tiefer in die Materie der Magie und ihrer Hilfsmittel eingedrungen sind, dann können Sie ebenfalls im Osten das Schwert (einen Dolch, ein Messer), im Süden einen Stab, im Westen einen Kelch und im Norden ein Pentagramm platzieren. Sie selbst sind das Zentrum dieser vier Kräfte.

- Beginnen Sie im Osten, und bitten Sie die Kräfte der Luft, des klaren Verstandes, Teil des Kreises zu werden. Zünden Sie die gelbe Kerze bedachtsam an, und wenden Sie sich dann nach Süden.
- Bitten Sie die Kräfte des Feuers und des starken Willens, Teil des Kreises zu werden. Zünden Sie die rote Kerze bewusst an, und wenden Sie sich dann Richtung Westen.
- Bitten Sie die Kräfte des Wassers, der tiefen Gefühle, Teil des Kreises zu werden. Zünden Sie konzentriert die blaue Kerze an, und wenden Sie sich Richtung Norden.
- Bitten Sie die Kräfte der Erde, der geduldigen Materie, Teil des Kreises zu werden. Zünden Sie mit Bedacht die grüne Kerze an, und wenden Sie sich wieder nach Osten.

In diese Richtung schauen Sie, wenn Sie sich in der Mitte dieses Kreises niederlassen. Und hier widmen Sie sich dem Element Luft und damit Ihren intellektuellen Fähigkeiten.

Verwenden Sie sie im rechten Maß, oder vernachlässigen Sie sie? Seien Sie ehrlich zu sich selbst. Wenn Sie sich die Frage ernsthaft beantwortet haben, wenden Sie sich nach Süden und denken Sie über Ihre Willenskraft nach. Beherrscht diese Kraft Sie, oder beherrschen Sie Ihren Willen und Ihre Leidenschaften? Oder trauen Sie sich nicht, sie einzusetzen? Wenn Sie diese Frage gründlich überdacht haben, drehen Sie sich nach Westen und fragen Sie sich nach Ihrem Umgang mit Ihren Gefühlen. Lassen Sie sie zu, oder versperren Sie sich ihnen? Oder lassen Sie sich von ihnen überwältigen? Nach dieser Betrachtung wenden Sie sich nach Norden und überprüfen Ihre Einstellung zu Ihrem Körper und Ihrer Handlungsfähigkeit. Wie gut kennen Sie Ihren Körper und seine Reaktionen, vertrauen Sie ihm, pflegen Sie ihn in gebührendem Maß?

Und zuletzt sollten Sie darüber meditieren oder ernsthaft nachdenken, wie bewusst Sie sich dessen sind, was Sie alles tun können, wenn Körper (Erde), Verstand (Luft), Wille (Feuer) und Ihre Gefühle (Wasser) harmonisch zusammenwirken.

Wenn Sie Ihre Meditation beendet haben, heben Sie den magischen Kreis wieder auf, indem Sie die Kerzen von Osten nach Norden löschen und dabei den Kräften der vier Himmelsrichtungen und der vier Elemente Ihren Dank aussprechen.

Hinweis Auf die Lehre der vier Elemente baute die Medizin viele Jahrhunderte lang auf, heute ist es die Jungsche Psychologie, die auf die vier Charaktertypen und menschlichen Grundfunktionen des Erkennens und Handelns zurückgreift.

Engel und Heilige

Was einst als wissenschaftlich gesicherte Erkenntnis galt, wie etwa die Vier-Säfte-Lehre und die Vorstellung, dass die Grundbausteine der Welt Feuer, Erde, Wasser, Luft sind, wird heute der Magie zugerechnet. Das christliche Mittelalter, oft kolportiert als die Hochblüte der Magie, verfeinerte einerseits dieses Modell weiter, zum anderen aber wurde das Glaubensbild der antiken und heidnischen Religionen verändert. Wir müssen uns vor Augen halten, dass es eine graduelle, keine fundamentale Änderung war, denn das Erklärungsschema von den höheren Mächten hatte etwa die gleiche Qualität wie das der Götterwelten der Antike.

Es war zwar ein bemerkenswerter Versuch intellektuell hochstehender Denker, der Menschheit die Vorstellung eines einzigen schöpferischen Prinzips, eines einzigen Gottes, zu vermitteln. Es ist aber ein höchst abstrakter Ansatz, der nicht immer einleuchtet – vor allem dann nicht, wenn man konkrete Hilfe und Rat braucht. Der lobenswerte Versuch entwickelte sich in zwei Richtungen: Die eine setzte das geschriebene Wort und die Gesetze allem voran. Rat und Hilfe fand man in den heiligen Schriften, die magisch wirken, sofern sie buchstäblich befolgt werden.

Der zweite Ansatz ist menschlicher: Er verwandelt Gott wieder zum Menschen. Und alle, die für ihren Glauben starben, wurden Gott gleich und wurden zu Heiligen. Es waren die Heiligen, die dann schließlich die Aufgaben der alten Götter und Göttinnen übernahmen. Bei manchen von ihnen kann man noch die Ursprünge aus den alten Götterwelten erkennen. Die Geschichten, die sich um sie ranken, sind ein wenig umgeschrieben worden, ihrem Namen ist ein »Heiliger« vorweggestellt, und ihr Haupt umgibt der Strahlenkranz.

»Und Jesus streckte seine Hand aus, rührte ihn an und sprach: Ich will's tun, sei rein! Und sogleich wurde er von seinem Aussatz rein.«

Matth. 8.3

Eigentlich sollen sie lediglich Fürbitter sein, Mittler zwischen den Hilfe suchenden Menschen und dem einen Gott. Wunder wirkende Heilige gibt es ohne Zahl. Aie sind es, die angerufen wurden und werden, wenn Angst, Not und Schmerzen drohen.

Neben den irdischen Vermittlern, die in die höheren Sphären aufgenommen wurden, haben sich dann jene geistigen Helfer und Boten eingefunden, die den umgekehrten Weg beschreiten und als Mittler des einen göttlichen Willens dienen – die Engel. Die mittelalterlichen Theologen beschrieben

Heerscharen von Engeln mit den unterschiedlichsten Aufgaben und Talenten. Zu diesen gehörten das Verkünden des göttlichen Willens oder auch das Bestrafen. Doch Engel schützen und führen auch, sie halten Wacht und trösten. Lichtgestalten aus der anderen Welt sind sie, und wer an sie glaubt, den können sie tatsächlich heilen. Oder sie begleiten die Sterbenden in die jenseitige Welt, die sie nach dem Tod erwartet.

Engel haben nicht die Aufgabe, Krankheiten zu verursachen. Dafür sind die Schattengestalten zuständig. Denn das ausschließlich gute Weltbild, das auf diese Weise entworfen wurde, braucht zur Erklärung der Not, des Elends und der Katastrophen einen Widerpart, nämlich das Böse – den Teufel und seine Mitspieler.

Wer in diesem Glaubensmuster lebt, kann die darin wirkenden Kräfte durchaus für sich nutzen, allerdings auch unter ihnen leiden. Ein Gebet an einen Heiligen oder Engel kann Heilung bewirken, aber der Teufel macht krank, weil er die Angst weckt.

Die heilenden Hände der Heiligen

Schon in der Bibel ist von unzähligen Wunderheilungen die Rede, alte Frauen werden wieder fruchtbar (Sara und Abraham, 1 Mos. 21, Elisabeth und Zacharias, Luk. 1.5), Geschwüre und schmerzende Gelenke werden geheilt (Hiob), vor allem aber heilt Jesus Gelähmte, Besessene, Mondsüchtige, Aussätzige, Gichtbrüchige, eine blutflüssige Frau, Blinde, Stumme und Taubstumme, eine verdorrte Hand, eine verkrümmte Frau, einen Wassersüchtigen. Ebenso heilten die Apostel durch Wunder und erweckten Tote zum Leben. Und im Buch Tobias tritt insbesondere der Erzengel Raphael als Arzt und Heiler auf. Aus Legenden und Geschichten weiß man, dass der Gottessohn, die Engel und die Heiligen mehr und mehr bei Krankheit und Leid angerufen wurden.

Priester und Ärzte hingegen gingen getrennte Wege. Die Ersteren kümmerten sich um das Seelenheil und verdammten den Körper, die anderen experimentierten mit dem Körper, den Heilpflanzen und den Mineralien – manche verschrieben angeblich dafür ihre Seele dem Teufel. Dazwischen aber blieb noch ein weiter Raum für die magische Heilkunst. Amulette mit Bibelsprüchen, Reliquien sonderbarster Provenienz, magische Kräuterrezepte und Elixiere kursierten und kurierten. Nicht alles und nicht immer halfen sie – und manches trotzdem.

Erschwert wurde jene Zeit durch den Ausbruch der großen Seuchen, der Pockenepidemien und der Pest. Die Vorstellung, dass Krankheit eine Strafe Gottes für die Sünden der Menschen sei, wurde ein durch die christlichen Dogmen gefestigter Glaube. Und genauso fest etablierte sich daher der Glaube, dass die Heiligen helfen können. Es gibt kaum einen der Stadt- und Namenspatrone, der Märtyrer und Nothelfer, der nicht für irgendein Gebrechen zuständig ist. Die Therapiemethode ist bei allen erstaunlich gleich. Die Hände der Heiligen sind fähig zu heilen. Handauflegen ist übrigens biblisch dokumentiert. Und wir können darüber nachdenken, wie wir das Handauflegen als magische Technik nutzen.

Praxis: Heilung durch Handauflegen

»Gute Besserung!« wünschen wir einem Kranken, und wenn wir vertraut mit ihm sind, ist eine freundliche Berührung damit verbunden. Haben Sie das schon einmal erlebt, dass Ihnen jemand von Herzen gute Besserung gewünscht hat und Ihnen dabei liebevoll die Hand gehalten hat? Haben Sie schon mal ein Kind mit Bauchgrimmen getröstet, indem Sie sanft seinen Bauch gestreichelt haben? Haben Sie schon mal ein verletztes Tier beruhigt, indem Sie ihm die Hand aufgelegt haben? Es liegt eine gewisse magische Kraft in unseren Händen, derer wir uns bewusst werden sollten. Gewöhnlich nutzen wir unsere Hände, um etwas anzufassen, zu bewegen, zu formen oder um es abzutasten. Viele Gedanken machen wir uns meist nicht darüber. Diejenigen aber, die eine Aufgabe darin sehen, anderen zu helfen, legen mehr Gefühl in ihre Hände. Die Mutter, die ihr Kind zu den ersten Schritten anleitet, hält schützend ihre Hände in seiner Nähe, um es aufzufangen. Einem alten oder gebrechlichen, schwachen Menschen reichen wir ebenfalls helfend die Hände. Ein Masseur knetet mit seinen Händen Verspannungen fort, der Orthopäde richtet die Gelenke, kennt die Anatomie des Knochenbaus unterhalb von Haut und Muskeln. Aber das ist noch immer ein überwiegend mechanischer Einsatz der Hände. Von den Heiligen aller Kulturen weiß man noch mehr zu berichten. Sie konnten durch bewusstes Handauflegen Schmerzen lindern und Heilung bewirken. Es waren Menschen, die tief verankert in ihrem Glauben lebten und die göttlichen Kräfte darin erkannten. Der Heiligenschein, mit dem sie abgebildet werden, ist ein Symbol für das Leuchten ihres Geistes, ihr hohes Bewusstsein, das sich mit dem Licht verbindet. Durch sie fließen die kosmischen Kräfte, sie sind Kanal für die göttliche Liebe. Und darum konnten ihre Hände heilen.

Wir müssen weder zu Märtyrern noch zu Heiligen werden, um uns der Kraft unserer Hände bewusst zu werden. Wir müssen nur etwas achtsam sein und die Verbindung zu jenen lichtvollen Mächten suchen, die unter so vielen Namen überall auf der Welt »zur Hand genommen« werden, um zu heilen und zu helfen.

Es ist ganz einfach – sogar so einfach, dass es fast keiner Beschreibung bedarf. Denn was immer Sie mit Liebe berühren, erhält ein Stückchen Heilung, ob das Topfpflanzen oder Wildblumen, Ihr Haustier oder ein verirrter Vogel, Sie selbst oder ein anderer Mensch ist. Liebe ist Magie, keine Angelegenheit der Hormone, wie uns manche Zyniker glauben machen wollen. Es ist eine der gewaltigen, unerklärbaren, aber allgegenwärtigen Mächte. Allerdings gibt es einen kleinen Pferdefuß: Liebe ist nichts, was sich von oben auf Sie ergießt und dann unbeschränkt zur Verfügung steht. Sie müssen schon selbst etwas dazu tun. Sie sollten die Fähigkeit haben oder sie entwickeln, selbst zu lieben – aufrichtig, wahrhaftig und ohne Vorbehalte. Das ist die Voraussetzung, um diese Macht fließen zu lassen. Und dann können Sie sich aufrecht hinstellen, die Arme zum Himmel ausstrecken, die Handflächen dabei geöffnet, und bitten, zum Kanal der göttlichen Heilkraft, der lichtvollen Energie der Engel oder des liebenden Universums zu werden. Wenn Sie sich von dieser Macht durchdrungen fühlen, senken Sie Ihre Hände segnend über den Leidenden und legen Sie sie auf.

Hinweis Heute wird diese Art von Handauflegen als Reiki bezeichnet. Das ist eine aus Japan stammende Energietherapie, die mit den fließenden Kräften des Universums arbeitet.

Hebammen, Hexen und Hildegard

Das weite Feld der medizinischen Betreuung und Pflege oblag, wie eigentlich zu allen Zeiten, auch im Mittelalter den Frauen. Vornehmlich alles, was sich um Zeugung, Schwangerschaft und Geburt rankte, war Domäne der Hebammen. Zusätzlich kümmerten sie sich um die gesamte familiäre Kranken-, Kinder- und Altenpflege. Kein Wunder also, dass die Frauen in der Lage waren, auch ohne Ärzte in Anspruch nehmen zu müssen, ein breites Spektrum an Krankheiten und Verletzungen zu versorgen. Das Wissen, oft basierend auf alten heidnischen Praktiken und antiken Rezepturen, das von Generation zu Generation überliefert wurde, ergänzt durch eigene Erfahrungen oder Experimente, wurde mündlich weitergegeben. Systematisch ging es nicht unbedingt zu, aber dafür war es pragmatisch. Und ganz gewiss war vieles wirksam, häufig zu wirksam für die gelehrten Ärzte, die befürchteten, dass die heilkundigen Frauen ihnen Konkurrenz machen könnten. Es war einer von zahlreichen Gründen, diese Frauen in Misskredit zu bringen, sie Hexen zu nennen und aus dem Verkehr zu ziehen. Wenn man sich heute die Rezepte ansieht, die Grundlage der Volksmedizin waren, kann einem tatsächlich hin und wieder das Grausen überkommen: etwa wenn das Fett eines Gehenkten, Blut und diverse Exkremente darin eine Rolle spielen. Wenn sie auch Ekel erzeugen, diese Beigaben sind physisch weder schädlich noch sonderlich wirkungsvoll. Andererseits kannten jene weisen Frauen wirkungsvolle Drogen, die Visionen erzeugen konnten, wie z.B. die viel zitierte Flugsalbe der Hexen, oder verschiedenste Wandlungszauber, die angeblich Menschen zu Tieren werden ließen. Heute kann man das für ein Erbe des schamanischen Wissens halten, wobei man sich durch psychoaktive Pflanzen in Trance versetzen und diese durch verbale Absichtsbekundungen (Zaubersprüche) steuern konnte. Bilsenkraut und Stechapfel, Fliegenpilz und Tollkirsche, Schierling und Eisenhut sind allerdings höchst gefährliche Pflanzen, und wenn sich die

Kräuterfrau in der Dosierung irrte, konnte sie damit auch sehr schnell den Tod herbeiführen. Ungern sahen die christlichen Priester die Kenntnis der Kräuterkundigen von solchen Ingredienzien, die für Liebeszauber verwendet wurden. Aphrodisiaka, benannt nach der Liebesgöttin Aphrodite, sind Mittel, die zwar nicht die Liebe, wohl aber die Wollust wecken. Und auch jene empfängnisverhütenden Mittel und Maßnahmen und die abortiv wirkenden Pflanzen, welche die ungewollten Folgen aus der sündhaften Tat verhindern, erregten ihr Misstrauen. Die Angst davor, verhext zu werden, mag den keuschen Männern Gottes häufig Anlass gewesen sein, den heilkundigen Frauen Übles nachzureden.

»Wirksam ist der Zauber zusammen mit dem Heilmittel, wirksam ist das Heilmittel zusammen mit dem Zauber.«

Papyrus Ebers

Nicht alle heilkundigen Frauen befassten sich mit den Zauberkräutern, sondern die meisten kannten vor allem die Wirkung vieler Würz- und Heilkräuter, die schmerz- oder blutstillend, wundheilend, desinfizierend, beruhigend oder aufmunternd wirken. Doch man sollte nicht einseitig nur den Hexen und Hebammen das Lob der Kräuterkunde spenden, es waren nicht zuletzt auch die Mönche und Nonnen, die sich in ihren Klostergärten mit genau denselben Kräutern beschäftigten. Dabei entstanden nicht immer nur zu harmlosen Heilzwecken süffige Kräuterliköre.

Kräuter und Signaturen

Im Jahre 808 wurde Walahfrid geboren und trat als Junge in die Klosterschule von Reichenau ein, wo er mit 15 Jahren zum Mönch geweiht wurde. Da er einen Sehfehler hatte, erhielt er den Zunamen Strabo, der Schielende. Das hinderte ihn nicht daran, sehr sorgfältig die Pflanzen zu beobachten. Er war Gärtner aus Leidenschaft. Diesem Gelehrten verdanken wir ein ausgesprochen lehrreiches Gedicht über den *Hortulus*, den Kräutergarten. Der klösterliche Kräutergarten hatte eine tiefsinnige Bedeutung, und die Anordnung der Pflanzen wurde unter Berücksichtigung ihrer Symbolik vorgenommen. Darum gehören auch Rosen und Lilien dazu, die Liebe, Passion, Reinheit und Unschuld symbolisieren. Aber nicht nur über den Gartenbau und das Gärtnern berichtet Walahfrid, sondern vor allem auch über den medizinischen Einsatz der darin angepflanzten Kräuter.

200 Jahre später begegnet uns eine überragende Frau, die ebenfalls dem Benediktinerorden angehörte, nämlich Hildegard von Bingen (1098–1179). Sie war eine äußerst vielseitig interessierte Person, die sich – zwar hauptsächlich bekannt durch ihre visionären und prophetischen Schriften – ebenfalls intensiv mit der Medizin ihrer Zeit auseinandersetzte. Nicht nur, dass sie die Vier-Säfte-Lehre kannte, auch ihr naturkundliches Wissen war umfassend. Entsprechend der vier Elemente teilte sie die Krankheiten und ihre Heilmittel in warme und kalte, trockene und feuchte ein, was nicht immer als materielle Qualität, sondern eher im übertragenen Sinne zu lesen und zu verstehen ist.

Zwei Werke zu medizinischen Themen gibt es von ihr. Das eine ist die *Physica,* ein Nachschlagewerk der Heilmittel, die sich in der Natur finden. Es umfasst nicht nur die Pflanzen, sondern auch die Steine, die Metalle und die Tiere. Ihr *Causae et curae* hingegen befasst sich mit den Krankheiten des Menschen und gibt praktische Anleitungen, wie sie zu kurieren sind. Darunter finden sich auch eine ganze Reihe von Ernährungsvorschriften. Ihre Kenntnisse der männlichen und weiblichen Anatomie und Pathologie waren aus heutiger Sicht für eine Nonne ausgesprochen umfassend. Dabei war ihr falsche Prüderie völlig fremd. Doch bezogen auf die Ursache der Krankheiten hat Hildegard von Bingen eine für uns ungewöhnliche Begründung zu bieten. So sagt sie:

»Dass manche Menschen an verschiedenen Krankheiten leiden, kommt von dem Phlegma, das in ihnen im Überfluss vorhanden ist. Wäre nämlich der Mensch im Paradies geblieben, würde er die Phlegmen, von denen viel Leiden kommen, nicht in seinem Körper haben, sondern sein Fleisch wäre gesund und ohne Schleim ...«

Hildegard von Bingen verfasste ein systematisches Kräuterbuch und beschränkte sich auf die körperliche Anwendung der Kräuter, so wie wir sie heute auch kennen. Die »Kräuterhexen« außerhalb der Klostermauern setzten zusammen mit ihren Tees und Salben noch die Magie mit ein. Denn sie wussten, eine Pflanze, eine Rezeptur wirkt nicht nur auf den organischen Leib, sondern auch auf die Seele, weshalb viele Medikamente zusammen mit Amuletten, Zaubersprüchen und rituellen Handlungen verabreicht wurden. Welche Pflanze was bewirkt, das wiederum erschließt sich aus der Kenntnis der Analogien. Die so genannte Signaturenlehre war in jener Zeit die gängige Form der Bestimmung, welche Pflanze und welche Teile von ihr gegen welches Leiden eingesetzt werden konnten. Beispielweise sah man in der Ähnlichkeit eines Blattes mit einem Körperteil eine Verbindung, der Blüte mit einem Auge oder der Frucht mit einem Organ. Wenn Sie einmal eine Walnuss öffnen, wird Ihnen in diesem Zusammenhang klar, warum diese Nuss für das Gehirn förderlich ist. Übrigens – als gänzlich abwegig hat sich diese Art der Klassifizierung nicht erwiesen.

Das Heilmittel wurde immer in Verbindung mit gewissen magischen Praktiken verabreicht. Das ist, wenn man es recht betrachtet, auch heute nicht anders: ob unverständlicher Zauberspruch, lateinisches Bibelzitat, rituelle Anwendung oder die in unverständlicher Sprache beschriebene chemische Zusammensetzung auf dem Beipackzettel und die vom Arzt vorgeschriebenen Einnahmehinweise – immer handelt es sich um die gleichen unterstützenden Maßnahmen. Sie wecken zusätzlich das Vertrauen in die Heilkraft der Medikamente. Manchmal – so hat man bei der Verabreichung von Plazebos, d.h. von wirkstofffreien Präparaten, festgestellt – ersetzen sie das Medikament sogar. Wenn Sie also pflanzliche Mittel einsetzen, sollten Sie sich darüber bewusst sein, dass neben der Chemie auch noch andere, höhere Kräfte wirken. Die Kräuterfrauen wussten darum, und wir können es auch wieder lernen. Außerdem sind manche Kräuter ganz nützlich, wenn man ein wenig praktische Magie betreiben will. Hier eine Auflistung einiger Pflanzen, zu denen Hildegard von Bingen, die Kräuterhexen und die Apotheker ihre Meinung äußern.

Alant Hildegard empfiehlt ihn bei Lungenkrankheiten, Migräne und Augenbeschwerden. In der Volksmedizin wurde die Wurzel gegen Wassersucht, Ischias, Kopfschmerzen, Husten und Menstruationsbeschwerden eingesetzt. Die Kräuterfrauen wussten, dass er Dämonen und negative Schwingungen vertreibt. Heute findet er Verwendung in Hustentees, denn die Wurzel hat schleimlösende Wirkung.

Andorn Walahfrid verwendete ihn als Tee gegen Atemnot und als Gegengift zum Eisenhut, Hildegard den Saft gegen Lepra. Die Hebammen setzten ihn bei der Geburtshilfe ein, ansonsten galt er als Mittel gegen Husten und Atemwegserkrankungen. Seine Wirkstoffe regen den Gallenfluss an, lösen zähen Schleim und sind allgemein verdauungsfördernd.

Aronstab Hildegard empfiehlt ihn bei Magenbeschwerden, Gicht, Melancholie, Pest; die Volksmedizin gegen Husten, Magenleiden und Fieber. Er galt den Kräuterkundigen auch als Schönheitspflanze, die Runzeln verschwinden lässt und bei Gicht und Rheuma hilft. Doch Vorsicht, Aronstab ist giftig! Nur homöopathisch verwenden.

Baldrian Hildegard nennt seine Wirkung bei Gicht und Rippenfellentzündung; die Kräuterfrauen empfehlen ihn gegen Seitenstechen und nennen ihn verdauungsfördernd. Außerdem hat er auch eine magische Schutzwirkung. So heißt es: »Baldrian, Dost und Dill, kann die Hex nicht, wie sie will!« Baldrian ist heute als Sedativum bekannt, das krampf- und spannungslösend und schlaffördernd wirkt.

Betonie Walahfrid bezeichnet die auch Heilziest genannte Pflanze als stärkend und hilfreich bei der Wundbehandlung. Die Volksmedizin betrachtete die Betonie als Allheilmittel, auch als Schutz gegen Betörung und falsche Vorspiegelungen. Die enthaltenen Wirkstoffe sind desinfizierend und adstringierend.

Bockshornklee Hildegard empfiehlt ihn bei Geschwüren im männlichen Genitalbereich, bei Fieber und Halsschmerzen. Von den Heilkundigen wurde er äußerlich bei Brandwunden und Geschwulsten eingesetzt, innerlich zur Geburtshilfe und als Kräftigungsmittel. Heute ist bekannt, dass er die Milchproduktion anregt, reizlindernd bei Entzündungen sowie blutzuckersenkend wirkt.

Brombeere Hildegard setzte sie bei Geschwüren, Husten und Lungenleiden ein. Die Kräuterfrauen wussten darüber hinaus, dass die Brombeere eine Feenpflanze ist, deren Blätter bei Entzündungen im Mund helfen. Heute sind Brombeerblätter Bestandteil von Hustentees und wirken gegen entzündete Schleimhäute.

Brunnenkresse Sie gilt bei Hildegard als verdauungsfördernd, hilft bei Gelbsucht und Fieber, blutreinigend und harntreibend. Die Kräuterfrauen stimmen dem zu, doch sie sehen zudem auch eine Verbindung zu den geheimnisvollen Kräften des Mondes. Heute gilt die Brunnenkresse als harntreibend, verdauungsfördernd und sehr vitaminreich.

Dill Hildegard behauptet, er »löscht die Hitze der sinnlichen Lust«, wohingegen die Volksmedizin ihn bei Koliken und Verdauungsbeschwerden einsetzt. Seine magische Wirkung zeigt sich als Schutz gegen Albträume. Heute wird Dill gegen Blähungen, Durchfall und Fieber verwendet; er fördert den Milchfluss.

Dost/Majoran Hildegard setzte die Pflanzen bei Lepra und Hautkrankheiten ein; die heilkundigen Frauen empfahlen sie gegen Vergiftungen, Krämpfe, Halsschmerzen, Katarrhe, Ekzeme und Menstruationsbeschwerden. Ihre magische Wirkung ist Schutz vor schädlichen Einflüssen, auch fördert sie Wohlstand und Liebe. Heute setzt die Kräutermedizin Majoran bei Magen- und Darmkrankheiten, Husten, Halsschmerzen und Hauterkrankungen ein.

Eberraute Walahfrid empfiehlt sie u.a. gegen Fieber, Gicht und Seitenstechen. Die Hebammen setzten sie bei verschiedenen Frauenleiden ein. Auch fand die Eberraute ihren Einsatz in Duftsträußen gegen Ungeziefer. Ihre Wirkstoffe sind antiseptisch und insektenabschreckend.

Fenchel Er sei verdauungsfördernd, diene zur Stärkung der Augen, und auch ansonsten wirke er allgemein stärkend, finden sowohl Hildegard von Bingen als auch Walahfrid Strabo. Die Volksmedizin nennt die wohlschmeckende Pflanze blähungstreibend und setzt sie gegen Fettleibigkeit ein. In der Magie hilft die Räucherung mit Fenchel, die Geister zu beschwören. Heute finden wir ihn in Hustentees und verwenden ihn bei Verdauungsbeschwerden.

Gewürznelke Hildegard empfiehlt sie gegen Wassersucht, Kopfschmerzen und Fußgicht. Die Kräuterfrauen fanden sie desinfizierend bei Zahnschmerzen. Sie galt als kostbares Gewürz. In ihrer magischen Bedeutung diente sie als Schutz gegen üble Nachrede. Heute wird sie in der Zahnheilkunde verwendet. Sie gilt zudem als verdauungsfördernd.

Gundelrebe Sie hilft laut Hildegard gegen Mattigkeit, Brustschmerzen, innere Geschwüre. Gegen Geschwüre verwendeten sie auch die Kräuterfrauen, zusätzlich bei Kopf- und Magenschmerzen, Durchfall und Husten. Die Gundelrebe gilt als Kraut des nordischen Gottes Thor und bietet Schutz und Hellsichtigkeit. Heute wird sie bei Schnupfen und Magenkatarrhen eingesetzt.

Hopfen Hildegard kennt ihn als Konservierungsmittel. Die Mönche befanden seine beruhigende Wirkung als günstig, denn sie fördert die Keuschheit und den Schlaf. Hopfen ist ein Sedativum.

Huflattich Hildegard verwendete ihn bei Lebererkrankungen, die heilkundigen Frauen bei Husten. Er galt auch als Schutz vor Krankheit und Schadzaubern und sollte die Hellsichtigkeit fördern. Heute noch kommt er wegen seiner schleimlösenden Wirkung bei Husten zum Einsatz.

Ingwer Hildegard empfiehlt ihn bei trüben Augen und Magenbeschwerden, warnt aber davor, dass er »zügellos« mache. Das wiederum wussten auch die Kräuterhexen und verwendeten ihn als Aphrodisiakum in Liebestränken. Heute findet er bei allen Magenerkrankungen Anwendung und wirkt als Massageöl durchblutungsfördernd.

Johanniskraut »Taugt für das Vieh auf der Weide ...«, befindet Hildegard. Die heilkundigen Frauen hingegen verwendeten es zur Wundbehandlung, gegen Depressionen und Liebeskummer. Es galt ihnen auch als Schutz gegen widrige Einflüsse. Heute wissen wir, dass Johanniskraut stimmungsaufhellend und beruhigend wirkt. Es wird äußerlich bei Hexenschuss, Rheuma, Insektenstichen und bei der Wundheilung eingesetzt.

Kastanie Hildegard verwendete das Holz und die Früchte gegen Herz-, Milz-, Leber- und Magenschmerzen. Die Heilkundigen nahmen die Blätter und fanden sie blutstillend und adstringierend; die Früchte verwendeten sie jedoch nur als Nahrungsmittel. Heute finden die Blätter als Tee gegen Asthma, Keuchhusten, Bronchitis und Durchfall Verwendung (Bach-Blüte s. Seite 109, 110)

Katzenminze Walahfrid empfiehlt sie wärmstens zur Wundbehandlung. Die Volksmedizin setzte sie gegen Blähungen, Schluckauf und Magenkrämpfe ein. Für meine Katzen ist sie schlichtweg ein Genussmittel.

Kerbel Walahfrid empfiehlt ihn in Wickeln gegen Bauchschmerzen und nennt ihn blutstillend. Die Kräuterfrauen verwendeten ihn gegen schlechtes Gedächtnis und Depressionen. Heute ist er in der Küche als Würze bekannt.

Königskerze Hildegard empfiehlt sie bei Brustschmerzen, Heiserkeit, gegen ein schwaches und trauriges Herz. Ansonsten fand sie Verwendung als Docht oder Fackel, auch als Schutz gegen Unwetter. Sie galt als Feenpflanze und gehört in die Mitte des geweihten Würzstraußes. Seine Wirkstoffe sind schleimlösend und gelten als Mittel gegen Husten.

Liebstöckel Hildegard empfiehlt ihn gegen Husten, Mandelentzündungen und Regelschmerzen. Walahfrid hingegen lehnte ihn ab. Die Kräuterhexen wussten um seine aphrodisierende Wirkung. Wir empfinden den auch unter dem Namen Maggi-Kraut bekannten Liebstöckl als verdauungsfördernd. Er findet sich vornehmlich in Kräuterlikören.

Lorbeer Hildegard empfiehlt ihn bei Gicht, Kopfweh, Potenzstörungen, schwacher Lunge, Magen-, Brust- und Rückenschmerzen. Die Volksmedizin setzte ihn gegen Entzündungen, Bronchitis, Ohrenleiden, Verstopfung und Schwindsucht ein. Die Kräuterhexen wussten, dass er Willensstärke, Erfolg und Hellsichtigkeit fördern kann. Heute gilt er im Massageöl als schmerzstillend und antiseptisch.

Melisse Hilft gegen Linsentrübung des Auges, sagt Hildegard. Die Hebammen setzten Melisse bei Frauenleiden und Herzproblemen ein. Es heißt auch, dass sie gebrochene Herzen heilt. In der Kräutermedizin gilt sie als krampflösend, beruhigend und die Abwehrkräfte stärkend.

Minze Walahfrid empfiehlt sie bei Heiserkeit, die Volksmedizin verwendete sie gegen Brechreiz und Übelkeit und auch als Stimulans in Liebestränken. Die Pfefferminze wird heute vor allem bei Magenverstimmungen als Tee getrunken. Das Öl hilft äußerlich angewendet bei Kopfschmerzen.

Odermenning Laut Hildegard handelt es sich hierbei um ein Kraut gegen Geistesschwäche, Sehschwäche und Fieber. Walahfrid benutzte ihn bei Magenschmerzen und zur Wundbehandlung. Das taten auch die Kräuterfrauen, und so wird er heute noch eingesetzt: zur

Wundbehandlung, gegen Entzündungen im Mund und Durchfall (Bach-Blüte s. Seite 109).

Petersilie Gegen leichtes Fieber, Milz- und Herzschmerzen setzte Hildegard das Kraut ein. Die Volksmedizin empfiehlt es bei Verdauungsbeschwerden, Nieren und Blasenleiden. Die Hebammen wussten um seine Wirkung als Abortivum. Die Kräutermagie allerdings sagt, dass Petersilie Liebe anzieht. Heute gilt das beliebte Küchengewürz als hilfreich bei Menstruationsbeschwerden, entwässernd und krampflösend.

Pfeffer Hildegard empfiehlt ihn bei Appetitlosigkeit, Übelkeit, Durchfall, Magenschmerzen, Gicht und Rheuma und sagt, er wirke potenzfördernd. Die Volksmedizin nannte das kostbare Gewürz appetitfördernd und setzte es gegen Husten, Sehschwäche und Tierbisse ein. Die Kräuterhexen empfahlen ihn zum Schutz gegen widrige Einflüsse und Eifersucht. Heute gilt er als Küchengewürz.

Poleiminze Walahfrid setzte sie bei Kopfschmerzen und Verdauungsbeschwerden ein. Die Hebammen wussten um ihre Wirkung als Abortivum und benutzten sie auch gegen Impotenz. Vorsicht, Poleiminze ist eine psychoaktive Pflanze, die Delirien auslösen kann, abortiv wirkt und in höheren Dosierungen giftig ist.

Rettich Walahfrid empfiehlt ihn gegen Husten, die Volksmedizin fand ihn harntreibend und hustenlindernd. Heute wissen wir, dass die Wurzel antibakteriell wirkt, auch entwässernd, gegen Husten hilft und die Galle anregt.

Rosmarin Weder Walahfrid noch Hildegard widmeten sich ihm, die Kräuterkundigen jedoch sahen ihn als Allheilmittel. Die magisch bewanderten unter ihnen wussten, dass er die Liebe und Treue fördert und zur Reinigung und Stärkung der Verstandeskräfte dient. Heute gilt Rosmarin als herzstärkend, krampflösend und keimtötend. Zudem regt er die Galle an.

Salbei Ein Allheilmittel, meint Walahfrid – ein Mittel gegen Mundgeruch, Appetitlosigkeit, Schlaganfall, Lähmungen, Kopfschmerzen und Schlaflosigkeit, sagt Hildegard. Auch die Heilkundigen nannten ihn ein Allheilmittel; die Hexen unter ihnen verwendeten Salbei zur Reinigung und als Schutz vor störenden Einflüssen. Er wirkt nachweislich desinfizierend, blutstillend, adstringierend, verringert Schweiß und Speichelabsonderungen und den Milchfluss.

Schafgarbe Hildegard empfiehlt sie zur Wundheilung, innerlich und äußerlich; das tut auch die Volksmedizin. Die Magie kennt sie als Schutz gegen widrige Kräfte und als Liebesorakel. Heute noch findet die Schafgarbe Verwendung bei Krampfadern, sie wirkt entzündungshemmend und krampfstillend.

Schlafmohn Walahfrid setzte ihn zur Beruhigung ein. Die Kräuterfrauen wussten um seine schmerzstillende und schlaffördernde, aber auch seine berauschende und hypnotische Wirkung. Schlafmohn bildet die Basis für die Droge Opium. Das Codein in der Pflanze wirkt hustenstillend.

Sellerie Gegen tränende Augen und Gicht empfiehlt ihn Hildegard, Walahfrid hingegen bei Blasenleiden, Verdauungsstörungen und Brechreiz. Hebammen verwendeten ihn bei Menstruationsbeschwerden, gegen Rheuma und Gicht, aber auch als Aphrodisiakum. Sellerie wirkt entgiftend, harntreibend und gegen Nieren- und Blasensteine.

Tausendgüldenkraut Bei Knochenbrüchen und gegen Gicht empfiehlt Hildegard dieses Kraut. Fiebersenkend und beruhigend, gegen Verdauungsbeschwerden und Sehschwäche setzten es die Kräuterfrauen ein. Man sagt ihm Wunderheilungen nach. Heute gilt es als appetitfördernd und hilft gegen Magenbeschwerden, Blähungen und Krämpfe, Leber- und Gallenstörungen (Bach-Blüte s. Seite 109).

Thymian Weder Walahfrid noch Hildegard widmeten sich ihm. Die Volksmedizin verwendet ihn gegen Husten und Gliederschmerzen. Er wirkt appetitanregend und kreislaufstärkend; und seine magische Wirkung ist die Reinigung und die Erneuerung der Kräfte. In der Kräutermedizin gilt er als antiseptisch, wurmtreibend, schleimlösend und schweißtreibend bei Fieber.

Wacholder Gegen Leber- und Brustschmerzen setzte Hildegard ihn ein; die Kräuterfrauen verwendeten ihn zur Schmerzlinderung bei Blutergüssen und bei kleinen Wunden. Wer um seine magische Wirkung weiß, benutzt ihn zum Schutz gegen schädliche Einflüsse und gegen Besessenheit. Heute verwendet man Wacholder bei Nierenbecken- und Blasenentzündungen, Gelenkleiden, Verdauungsbeschwerden, Bronchitis und Husten.

Walnuss Bei Hautkrankheiten verwendet Hildegard die Nüsse äußerlich, die Kräuterkundigen setzten sie bei Krankheiten des Gehirns ein und sagten der klugen Nuss nach, sie fördere die Weisheit. Heute gelten die Blätter als keimtötend und wirksam bei Hautkrankheiten und Hämorrhoiden (Bach-Blüte s. Seite 109).

Weinraute Hildegard setzte sie gegen tränende Augen, Nieren- und Lendenschmerzen, Gicht, Verdauungs- und Regelschmerzen ein; Walahfrid nennt sie entgiftend. Wie er sahen es auch die Kräuterfrauen: Die Pflanze reinigt von verborgenen Giften, sie galt in früheren Zeiten als Schutz gegen giftige Tiere, Ratten und damit gegen die Pest. Auch hilft sie wirksam gegen Liebeskummer. Die in ihr enthaltenen Wirkstoffe wirken beruhigend und schlaffördernd, harntreibend und appetitanregend. Außerdem ist die Weinraute eine ganz wunderbare Küchenwürze, die es wieder neu zu entdecken gilt!

Wermut Hildegard empfiehlt ihn gegen fast alle Krankheiten, Walahfrid nur bei Kopfschmerz und Fieber, die Kräuterkundigen nannten den Wermut Allheilmittel, die Hebammen verwendeten ihn zur Geburtseinleitung; die Hexen setzen ihn gegen widrige Einflüsse ein und sagen, er fördere die Inspiration. Heute findet er Verwendung bei Gallenbeschwerden und stärkt die Abwehrkräfte.

Praxis: Kräuterzauber – Zauberkräuter

Der Marienglaube war im Mittelalter stark ausgeprägt – kein Wunder, wenn man bedenkt, dass die Himmelskönigin, die Mutter der Barmherzigkeit, Heil der Kranken, das viel geliebte Herz, unsere Frau im Ährenkleid und wie dergleichen poetische Titel ihrer mehr sind als Ersatz für die in die Verbannung geschickten Göttinnen diente.

Marienfeste wurden ungleich häufiger begangen, als es heute üblich ist, und eines der wichtigsten wurde am 15. August gefeiert, das Fest der Aufnahme Mariens in den Himmel. An Lugnasad aus keltisch-heidnischer Zeit wurde in jenen Tagen der Erdmutter und Amme und des Lichtgottes Lug gedacht; die Ähnlichkeit ist kaum zufällig. An Mariä Himmelfahrt, dem »großen Frauentag«, beginnt der »Frauendreißiger«, der über den 8. September, das Fest Mariä Geburt, den so genannten kleinen Frauentag, hinaus bis zum 15. September dauert.

In jenen Tagen wurden die Pflanzen für den Kräuterbusch gesammelt. Das ist eine schöne Sitte, die auch heute gepflegt werden kann. Mindestens sieben Heilkräuter gehören in diesen Strauß, die um eine Königskerze in der Mitte gebunden werden. Dazu gehören traditionell Tausendgüldenkraut, Wermut, Johanniskraut, Schafgarbe, Kamille und Holunder. Die Zusammensetzung ist nicht zwingend vorgeschrieben und regional vom Angebot der Natur abhängig. Es dürfen auch gerne mehr Kräuter sein; neun, zwölf und fünfzehn waren durchaus üblich. Sammeln Sie also, was Sie in Garten und Wiesen finden und eindeutig erkennen, aber lassen Sie immer einige Pflanzen stehen. Nehmen Sie nur Pflanzen, die Sie wirklich verwenden, und greifen Sie bitte auch nicht nach Kräutern, die unter Naturschutz stehen. Binden Sie den Kräuterbusch zu einem Strauß, und weihen Sie ihn dann in einem kurzen, stillen Ritual. Segnen Sie ihn, wenn Sie wollen, im Namen Marias, der Königin der Blumen. Sie ist keine schlechte Adresse, um die Heilkräfte der Pflanzen zu verstärken und zu erhalten. Den Strauß sollten Sie dann über Kopf an einem geschützten, warmen Ort aufhängen und trocknen lassen. Im Laufe des Jahres können Sie die Kräuter beispielsweise dazu verwenden, um damit in einem Krankenzimmer zu räuchern. Sie können sie natürlich auch zum Würzen in der Küche verwenden.

Hinweis Die Kräuterheilkunde (Phytotherapie) ist eine der wenigen von der Schulmedizin anerkannten alternativen Heilweisen.

Die Stunde der Planeten

Parallel zu der christlichen Weltsicht mit ihren Engeln und Heiligen entwickelte sich im Mittelalter und der Renaissance ein Überrest der antiken Denkweise in erheblichem Maße weiter. Die Astrologie, die uralte Lehre vom Rhythmus der Gestirne, malte ein Bild der magisch wirkenden Kräfte, ihrer zeitlichen Zusammenhänge und ihrer Verbindungen zum menschlichen Leben, zum Schicksal. Der Glaube an den Einfluss der wandernden Himmelslichter war groß, er war akzeptiert, und man lebte nach ihren Gezeiten. Sonne, Mond, Merkur, Venus, Mars, Jupiter und Saturn galten nicht wie heute als unbelebte Himmelskörper ohne sonderlichen Einfluss auf das irdische Geschehen, sondern sie waren Ausdruck ganz bestimmter Prinzipien. Nicht nur Könige, Feldherren und Fürsten ließen sich bei wichtigen Entscheidungen das Horoskop berechnen, auch die Kirche beschäftigte ihre Astrologen. Astrologie wurde nicht nur als magische Kunst betrachtet, sondern sogar als Wissenschaft an den Universitäten gelehrt.

»(Das Geburtshoroskop) ist eher eine Landkarte, die dem Menschen auf der Straße der Selbstentdeckung und zur Selbsterkenntnis voranhelfen kann. Das höhere Ziel der Astrologie liegt nicht im Versuch, unser Schicksal zu ändern, sondern darin, es durch Wachsen des Bewusstseins zu erfüllen.«

Stephen Arroyo

Das Denken in Analogien statt in logischen Kausalverbindungen überwog zu jener Zeit, und es wäre sicher eine grobe Unterschätzung der intelligenten Gelehrten, wenn man ihnen unterstellte, dass sie die Himmelskörper selbst für das Schicksal eines jeden einzelnen verantwortlich gemacht hätten. Diese Unterstellung kam erst mit späterer »wissenschaftlicher« Denkweise auf, die alles ausschloss, was sich nicht der Logik erschloss. Empirische Beobachtungen der Lebenszyklen, der Wandlungen in bestimmten zeitlichen Abfolgen und des Wirksamwerdens bestimmter Kräfte im Leben des Menschen haben einen natürlichen Rhythmus offenbart, dessen Zeitgeber mit den ebenfalls rhythmischen Bewegungen der Wandelsterne zusammenfällt.

Und so betrachtet macht die Lehre über ihre Verknüpfungen mit dem Leben auf dieser Erde wieder Sinn. Es sind sieben magische Kräfte, die hier beschrieben sind und in bestimmten Konstellationen die Neigung zu Krankheiten fördern oder die Möglichkeit der Heilung unterstützen. Man muss sie nur in diesem Sinne zu nutzen verstehen.

Die magischen Sieben

Fünf der sieben Planeten – im astrologischen Sinn sind auch Sonne und Mond Planeten und drehen sich um die Erde – sind in unseren Breiten mit den Namen römisch-griechischer Götter benannt.

Der schnellste, sonnennächste ist Merkur bzw. Hermes, bei den Griechen der Götterbote, der die Kräfte der Kommunikation darstellt, damit verbunden auch die des Handels und negativ gesehen des Diebstahls.

Venus, der liebliche Abend- oder Morgenstern, symbolisiert die Kräfte der Liebe, der Harmonie und der Schönheit.

Mars, nach dem römischen Kriegsgott benannt, steht hingegen für Kampf, Energie und Durchsetzungskraft.

Jupiter, der größte unter den Planeten, trägt den Namen des Göttervaters, des großzügigen Gönners, des Hüters der Traditionen.
Saturn schließlich, der letzte mit dem bloßen Auge sichtbare Wanderer, gilt als der Hüter der Schwelle, der Prüfer und nüchterne Lehrer der Menschheit, und er steht damit auch in enger Beziehung zum Tod.
Die Sonne ist das Prinzip des Lebens, des Wachstums und der Macht.
Der Mond, in vielen Kulturen als weiblich angesehen, birgt die Geheimnisse der Frauen, symbolisiert Fruchtbarkeit und in seiner dunklen Phase Angst vor den Abgründen der Seele.

Uranus, Neptun und Pluto, die Transsaturnier, wurden erst entdeckt, als man das bloße Auge mit dem Teleskop bewehrte. Die moderne Astrologie hat sie mit aufgenommen und die Eigenschaften in ihnen erkannt, die ihr Zeitalter bestimmen.

Uranus, der Spontane, der Lebhafte und an allem Interessierte, ist der Technik und den technischen Möglichkeiten und Unmöglichkeiten zugeordnet – und damit natürlich auch den Katastrophen, die durch die Technik ausgelöst werden.

Neptun ist das Gegenteil vom verstandesbetonten Uranus; ihm werden die Kräfte zugeordnet, die uns unkontrolliert in das Unbewusste hinabziehen. Weltflucht und Sucht, Illusion und Wahnsinn, aber auch die Phantasie liegen in seiner Hand.

Pluto, der äußerste, der harte, kalte Planet ist nach dem Unterweltherrscher benannt, der gnadenlos seine Macht ausübt.

Sind die sieben ersten Kräfte noch allzu menschlich, repräsentieren die drei letztgenannten globale Kräfte. Die Planeten bewegen sich durch den Tierkreis, die Sternzeichen, und auch diese haben ihre eigenen Bedeutungen. Zusammen betrachtet bilden sie das Horoskop. Aus der Konstellation der Planeten in ihren Zeichen und Häusern kann ein geübter Astrologe also die Neigung des Menschen zu gewissen schicksalhaften Verwicklungen ablesen. Wohlgemerkt die Neigung, nicht die Bestimmung! Und da die Planeten und Zeichen auch im Analogieschluss bestimmten körperlichen Bereichen zugeordnet sind, können damit auch gesundheitliche Dispositionen festgestellt werden.

Praxis: Was die Sterne verraten

Die Astromedizin befasst sich mit den Krankheitsneigungen, und wenn Sie sich informieren wollen, in welchen Bereichen Sie sich selbst ein wenig vorsehen sollten, um Anfälligkeiten zu entgehen, dann prüfen Sie astrologisch zuerst, in welchem Zeichen Ihre Geburtssonne steht und in welchem Ihr Aszendent.

Zusätzlich können Sie überprüfen, welche Planeten in der Jungfrau und im sechsten Haus stehen, denn hier wird eine Aussage über die Gesundheit gemacht.

Aber bitte beachten Sie unbedingt noch einmal: Es ist keine schicksalhafte Vorbestimmung, die Sie daraus ablesen, sondern lediglich eine Neigung. Und einer Neigung zu Zahnschmerzen kann man durchaus durch regelmäßige Zahnpflege und regelmäßige Untersuchungen beim Zahnarzt vorbeugen. Die folgenden Zuordnungen können jedoch als Diagnosehilfe sinnvoll sein.

Tierkreiszeichen	Körperzuordnung	Krankheitsneigung
Widder (F) Herrscher: Mars	Kopf, Gesicht, Augen, Ohren, Gehirn	Migräne, Kopfschmerz, Gesichtsneuralgien, Zahn- und Ohrenschmerzen, akute und entzündlich verlaufende Krankheiten, Fieber, Verletzungen
Stier (E) Herrscher: Venus	Hals, Kehle, Mandeln, Sprachorgane	Hals-, Mandel- und Kehlkopferkrankungen, Kropf, Schilddrüsenleiden, Stoffwechselprobleme, Übergewicht
Zwillinge (L) Herrscher: Merkur	Schultern, Arme, Hände, Lunge, Nerven, Thymusdrüse	Atemwegserkrankungen, Brust- und Rippenfellentzündung, Allergien, Asthma, TBC
Krebs (W) Herrscher: Mond	Magen, Zwerchfell, Leber, Galle, Lymphsystem, Brust	Magenerkrankungen, Gallensteine, Leberleiden, Lymphstauungen, Störungen im Flüssigkeitshaushalt
Löwe (F) Herrscher: Sonne	Herz, Kreislauf, Rücken, Zwölffingerdarm	Herz-Kreislauf-Erkrankungen, Rückenschmerzen, Erkrankungen der Wirbelsäule, Beschwerden der oberen Verdauungsorgane
Jungfrau (E) Herrscher: Merkur	Verdauungsorgane, Bauchspeicheldrüse, Milz	Verdauungsprobleme, Magersucht, Darmkrankheiten
Waage: (L) Herrscher: Venus	Nieren, Blase, Drüsensystem	Erkrankungen der Nieren, Harnwegsentzündungen, Hautkrankheiten
Skorpion (W) Herrscher: Pluto	Ausscheidungs- und Geschlechtsorgane	Geschlechtskrankheiten, Frauenleiden, Hämorrhoiden, Prostataleiden, Autoaggressionskankheiten (AIDS, Krebs)
Schütze: (F) Herrscher: Jupiter	Muskelsystem, Hüfte, Oberschenkel	Rheuma, Hüftleiden, Ischias, gutartige Tumore, Verwachsungen
Steinbock (E) Herrscher: Saturn	Knochensystem, Gelenke, Zähne	Kristallisationsprozesse des Körpers, Gelenkerkrankungen, Steinbildung, Schuppenflechte, Mangelkrankheiten, Ekzeme
Wassermann (L) Herrscher: Uranus	Unterschenkel, Waden, Knöchel, Nerven	Allgemeine Rhythmusstörungen, Krämpfe und Koliken, Krampfadern, Epilepsie
Fische (W) Herrscher: Neptun	Füße, Immunsystem	Infektionen, Immunschwäche, Leiden an den Füßen, psychische Krankheiten, Hormonstörungen, Süchte

F = Feuer, E = Erde, L = Luft, W = Wasser – Zuordnung der Zeichen zu den Elementen

Und hier die Planetenkräfte oder Götter und das, wofür Sie sie gegebenenfalls anfällig machen, wenn sie einen sensiblen Punkt im Horoskop erreicht haben. Um eine Deutung daraus zu erstellen, müssen Sie allerdings Ihr genaues Geburtshoroskop errechnen oder errechnen lassen. Es gibt zahlreiche PC-Programme dazu, oder Sie zücken die Ephemeriden (Gestirnsberechnungstafeln) und den Taschenrechner und bauen es sich eigenhändig zusammen. Um die gegenwärtigen Einflüsse zu prüfen, müssen Sie dieses Geburtshoroskop dann mit dem aktuellen Stand der Planeten in Verbindung setzen.

Planet	Körperzuordnung	Indikationen
Sonne	Herz, Kreislauf	Vitalitätsschwäche, Herz-Kreislauf-Erkrankungen, Depressionen, Abwehrschwäche
Mond	Geschlechtsorgane, Flüssigkeitshaushalt, Psyche	Menstruationsprobleme, sexuelle Probleme, Hautkrankheiten
Merkur	Nerven, Lunge, Sinnesorgane, Stoffwechsel, Gehirn	Nervöse Störungen, Hals-Nasen-Ohren-Krankheiten
Venus	Nieren, Drüsen, Venen, Hormone	Nierenerkrankungen, Venenleiden, Hormonproblematiken
Mars	Blut, Muskeln, Sehnen, Zeugungskraft	Schwächezustände, Probleme des Bewegungsapparates
Jupiter	Leber, Galle, Bindegewebe	Gelenkentzündungen, Leber- und Gallenerkrankungen, Wundheilung
Saturn	Knochen, Zähne, Haut, Milz	Störungen im Mineralhaushalt, Knochenerkrankungen, Steinbildung
Uranus	Nerven, Rückenmark, Hypophyse, Hypothalamus	Herzrythmusstörungen, Nervenkrankheiten
Neptun	Bewusstsein, Unbewusstes	Suchtkrankheiten, psychische Krankheiten
Pluto	ohne Zuordnung	Unfälle und Verletzungen durch Gewalteinwirkung

Hinweis Es gibt heute bereits ein breites Angebot zum Thema Astromedizin, die anhand von Horoskopen Diagnose unterstützende Leistungen erbringt.

Al Kymia und das Elixier des Lebens

Aus dem Orient kam mit den Kreuzrittern neues Gedankengut nach Europa, u.a. Al Kymia, Alchemie, die Kunst der Veredlung des Unedlen. Der jahrhundertelange Aberglaube hat sie mit dem Klischee der Goldmacherei abgetan. Doch diejenigen, die sich mit ihren Pulvern und Elixieren beschäftigten, hatten – die allgegenwärtigen Scharlatane ausgenommen – höhere Ziele. Alchemisten waren, so sie nicht einfältige Quacksalber waren, auch immer Philosophen.

Bilden die Planeten der Astrologie die Kräfte im Makrokosmos ab, so zeigen die Ingredienzien der Alchemie die Kräfte und Wirkungsweise des Mikrokosmos. Metalle, Salze, Säuren, ihre Reaktionen, ihre Verbindungen und ihre Lösungen, das waren die Belange der alchemistischen Forschung. Es war die Neugier, die Gesetze der Natur zu ergründen und zum eigenen Nutzen einzusetzen. Eher Abfallprodukt und nicht vorrangiges Ziel war es, Gold zu machen.

Der Wunsch war vielmehr die Suche nach dem Elixier des Lebens und dem Stein der Weisen. Die Nebenprodukte dieser Beschäftigung waren im Übrigen eine ganze Menge von Medikamenten. Daneben verbirgt sich hinter der Beobachtung der chemischen Reaktionen ein tiefes geistiges Ziel, denn magisch und ganzheitlich gedacht sah man in diesen Reaktionen die Verwandlung des Menschen vom unedlen (unbewussten) zum veredelten (bewussten, ganzheitlichen) Menschen, der sein Heil in der *unio*, der Einheit mit Gott, fand. Es ist ein magischer Weg der Heilung, den der Psychologe C.G. Jung später mit alchemistischen Begriffen beschrieben hat. Sieben Schritte sind es, um die *prima materia*, den Urstoff, durch Umwandlung (transmutation) zu veredeln. Der Prozess beginnt mit der *calcination*, dem Glühen des Stoffes, der Läuterung durch das Feuer, was die Auseinandersetzung mit den »brennenden Begierden« bedeutet, also der Frage, was hinter den eigenen Antrieben steht. Dazu muss man sich dem eigenen Schatten stellen, was meistens keine angenehme Aufgabe ist.

»Nicht als die sagen Alchymia mache Gold, mache Silber. Hie ist das fürnemmen, mach Arcana und richte dieselben gegen die Krankheiten.«

Paracelsus

Der zweite Schritt hilft, dieses Problem im ersten Ansatz zu lösen. Die *solutio,* die wässrige Lösung, aktiviert die Gefühlsebene oder, wenn Sie so wollen, weckt das innere Kind, damit es über seine geheimen Verletzungen und seine verborgenen Schmerzen weinen kann. Anschließend folgt die Verfestigung, die *coagulatio*, in der man sich seiner körperlichen und geistigen Fähigkeiten bewusst wird und seine Möglichkeiten und Begrenzungen besser kennen lernt. Das ist ein sehr heilsamer Schritt, doch auch aus ihm resultieren Schwierigkeiten, die sich in der *sublimatio* zeigen. Der Versuch, mit dem Verstand die erkannten Gegensätze dessen, was man kann und was man ist, zu lösen, führen entweder zu Überheblichkeit oder zum nächsten düsteren Schritt, der *putrefactio,* der Auseinandersetzung mit der Sterblichkeit. In dieser Phase kann es dazu kommen, dass der Körper mit Krankheit reagiert. Die *separatio* ist die daraus resultierende Trennung von lieb gewordenen Gewohnheiten, Menschen und Einstellungen. Und erst wenn die daraus entstehende Leere mit dem Wissen um die eigene Kraft gefüllt wird, vollzieht sich der letzte Schritt, die *coniunctio,* die Vereinigung, die Ganzheit, das Entstehen der authentischen Persönlichkeit, die weder sich noch anderen etwas vormachen muss. Sie sehen, hier wird wieder mit Entsprechungen, mit Analogien gearbeitet, um einen materiellen Prozess auf einen geistigen zu übertragen. Aber genau darin besteht das Wesen der Magie, und das bis heute immer wieder herangezogene Basiswerk der Alchemie ist die viel zitierte »Tabula Smaragdina«, die Smaragdtafel des Gottes Hermes Trismegistos (Verfasser unbekannt), von dem sich der Begriff der Hermetik ableitet. Dieser Text unbestimmten Ursprungs und Alters beginnt mit dem noch heute gültigen Satz:

> *Was oben ist, ist gleich dem, was unten ist, und was unten ist, ist gleich dem, was oben ist – fähig, die Wunder des Einen auszuführen.*
>
> Hermes Trismegistos, Tabula Smaragdina

Paracelsus – Arzt und Magier?

Phillipus Aureolus Theophrastus Bombastus von Hohenheim, genannt Paracelsus, war einer der großen Alchemisten seiner Zeit. Er wurde 1493 in Einsiedeln in der Schweiz geboren und lebte bis 1541. Er promovierte zum Doktor der Medizin, doch hielt er sich nicht, wie damals üblich, streng an die Lehren der Alten, sondern dachte in seinen eigenen Bahnen. Mit dem Erfolg, dass er zu anderen Erkenntnissen kam. Als er sie äußerte, stieß er mit seinen Ansichten die zeitgenössischen Kollegen ziemlich vor den Kopf. Wirklich beachtenswert ist seine Begründung für die Ursache von Krankheiten, die er als die fünf Entien bezeichnet.

Die erste ist die *Ens astrorum*, der Einfluss der Sterne, was seine enge Verbindung zur Astrologie, der kosmischen Rhythmenlehre, aber auch den gesamten Umwelteinflüssen zeigt. Die zweite ist die *Ens veneni*: Krankheiten aufgrund von Giften, die vor allem über die Nahrung, aber auch durch mangelnde Hygiene den Körper schädigen. Die dritte nennt er *Ens naturale*, die in der Natur des Menschen liegt, mit heutigen Begriffen ausgedrückt also in seinem Charakter und in seinen Genen. Diese drei ersten Entien beziehen sich auf die körperlichen Ursachen, die beiden letzten, die *Ens spirituale* und die *Ens Dei*, betreffen die psychischen Ursachen. Die erste wird als magische Ursache bezeichnet, betrifft aber vor allem die psychosomatischen und die psychischen Störungen. Die *Ens Dei* umfasst die gottgewollten Krankheiten, letztlich die Prüfungen, die dem Menschen aufgegeben sind. Diese Entien wirken nicht separat, sondern zusammen. Das ist eine überaus ganzheitliche Betrachtung von Krankheitsursachen, über die man auch heute nachdenken sollte. Neben diesen medizinisch-philosophischen Überlegungen hat sich Paracelsus durchaus auch als Praktiker bewiesen. Sein Misstrauen den Apothekern gegenüber war recht heftig, wie er mit folgenden Worten bewies: »Wem habe ich als Doktor geschworen? Dem Apotheker den Handel anzutreiben? Oder dem Kranken zu seinem Nutzen zu verhelfen?« Paracelsus entwickelte seine Medikamente selbst. Die Spagyrik ist eine Sonderform der Alchemie, die sich mit der Zubereitung von Heilmitteln pflanzlicher und mineralischer Art befasst, und diese Medikamente sind übrigens heute noch auf dem Markt.

Praxis: Fünf Fragen zu den fünf Entien

Das »namenlose Leiden« ist das schlimmste Leiden. Die Magie lehrt: Was einen Namen hat, kann man bannen. Wenn Sie krank sind, dann ist Ursachenforschung und nicht die Beseitigung der Symptome der wesentliche Schritt zur Heilung. Ohne Zweifel sind quälende Schmerzen zu lindern, und das ist der große Vorteil der heutigen Medizin und Pharmakologie. Aber Schmerzen, Leid und Pein sind nur die Oberfläche der Krankheit. Versuchen Sie, zusammen mit Ihrer Familie, Ihrem Partner, Ihrem Therapeuten die folgenden Fragen ernsthaft zu beantworten:

Ens astrorum Welche Umwelteinflüsse haben mich krank gemacht? Bin ich mit meiner Wohnumgebung, meiner Arbeit, dem Klima wirklich zufrieden? Wo verstoße ich beständig gegen meinen eigenen Lebensrhythmus? Verstoße ich etwa gegen den jahreszeitlichen Rhythmus oder auch permanent gegen den Tag-Nacht-Rhythmus? Welche Neigung zu gesundheitlichen Störungen kann mir mein Horoskop nennen?

Ens veneni Welchen Giften bin ich ausgesetzt? Schädigen mich Umweltverschmutzung, Strahlung, Lärm? Welche Suchtgifte benutze ich? Welche Medikamente nehme ich zu mir, wie reagieren sie miteinander, und welche Nebenwirkungen haben sie? Und vor allem: Ernähre ich mich richtig?

Ens naturale Welche erblichen Voraussetzungen können meine Neigung zu gewissen Krankheiten fördern? Und viel wichtiger: Welche erblichen Voraussetzungen unterstützen meine Heilung? Bewege ich mich genug und in der richtigen Form? Akzeptiere ich meinen Körper so, wie er ist? Wie lebe ich mit meiner Familie und meinen Freunden zusammen? Wie harmonisch ist mein soziales Umfeld?

Ens spirituale Woran glaube ich? Wovor habe ich Angst und warum? Woran zweifle ich? Und warum zweifle ich? Was hoffe ich, was ist mir wichtig im Leben? Worauf vertraue ich? Wen und was liebe ich? Wie finde ich am besten den Zugang zu meinen eigenen Heilkräften?

Ens Dei Was sagt mir die Krankheit über mich selbst? Was kann ich aus dem Leid lernen? Dies sind sicher die Fragen, die Ihnen am unbequemsten erscheinen werden, denn hier müssen Sie sich dem Problem stellen, was Ihnen die Krankheit sagen will. Man kann aus seinem Leid lernen. Es lohnt sich, darüber immer wieder zu meditieren. Aber tun Sie dies bitte immer im positiven Sinne. Begehen Sie nicht den Fehler, die Krankheit als Strafe Gottes für irgendwelche Sünden zu betrachten, sondern als eine gottgewollte Aufgabe, um sich selbst zu erkennen.

Zusammenfassung Wenn Sie Ihre Gedanken zu allen fünf Ursachen nach und nach zusammengetragen haben, werden Sie wahrscheinlich dem Leid einen Namen geben können. Und dann können Sie etwas an den Ursachen ändern und die Verantwortung für Ihre Heilung übernehmen.

Hinweis Zu den heutigen Therapien, die in dieser Richtung arbeiten, gehört das Focusing, d.h. die Klärung der gefühlten Wahrnehmung. Die Gesprächstherapie, die psychologische Astrologie und die humanistische Psychologie können ebenso hilfreich bei der Klärung der verschiedenen ganzheitlichen Fragen sein. Spagyrisch hergestellte Medikamente sind auch heute noch erhältlich. Wenn Sie hierzu mehr wissen wollen, fragen Sie zu deren Einsatz einen darin versierten Apotheker.

Fortschritt, Technik, Rationalität

Das magische Mittelalter ging in die Renaissance und anschließend in die Aufklärung über. Die Welt wurde weiter, nicht nur in der Form von Reisen nach Amerika, in die »Neue Welt«, und mit Hilfe von Teleskopen in den Himmel, sondern auch in der Erweiterung des Denkens. Naturgesetze wurden formuliert und immer neuere und verblüffendere Techniken erfunden. Das rationale Zeitalter huldigte der Vernunft und dem Verstand.

Alles sollte mit ihnen erklärt, berechnet, analysiert, geplant und vorhersagbar gemacht werden. Während der Französischen Revolution wurde gar die Vernunft zur Göttin erhoben, was nicht einer gewissen Ironie entbehrt. Wie man sieht, geht auch das rationale Denken seine Irrwege und zieht seine Fehlschlüsse. Und so blieben und bleiben Fragen offen, von denen die Optimisten dieser Denkrichtung annehmen, dass menschliche Vernunft und Logik sie bald zu lösen weiß.

Dennoch zeigt die Entwicklung auch ihre positiven Seiten, als rationale Erklärungen empirische oder intuitive Erkenntnisse ablösten. Die im 15. Jahrhundert erfundene Drucktechnik machte es möglich, dass medizinische Lehrbücher Verbreitung fanden. Etwa um die gleiche Zeit fand man heraus, dass Krankheiten sich durch Ansteckung übertragen können.

Mit der Aufklärung, als deren philosophischer Begründer Descartes (1596–1650) gilt, entstand das Bild vom menschlichen Körper als Maschine, das noch heute bei vielen lebendig ist. Auch wurde der Blutkreislauf und seine Funktion beschrieben, und Galileo Galilei (1564 – 1642) schaute als Erster durch ein Mikroskop und entdeckte die Wunderwelten des Mikrokosmos. Die Diagnosen wurden systematischer, und man fand die Chinarinde als wirksames Medikament gegen Malaria.

Mitte des 17. Jahrhunderts gab es die ersten Spritzen, intravenöse Injektionen von Kräuterlösungen und auch Bluttransfusionen.

Zu Beginn des 19. Jahrhunderts entwickelte Samuel Hahnemann (1755–1843) seine Lehre der Homöopathie, die auf dem Grundsatz beruht, dass Gleiches mit Gleichem geheilt werden kann und die heute noch als sanfte Medizin eingesetzt wird.

In der zweiten Hälfte des 19. Jahrhunderts entdeckte Robert Koch (1843–1910) die Bakterien, womit die Möglichkeit wuchs, sich gegen ansteckende Krankheiten zu schützen. Ein großer Fortschritt war die Entwicklung der Narkose, die chirurgische Eingriffe deutlich erleichterte.

Zahlreiche Leben rettete Ignaz Semmelweis, der 1847 darauf hinwies, dass bei den Ärzten das Händewaschen vor der Behandlung den Erfolg merklich erhöhe.

Rudolf Virchow (siehe Zitat rechts), der die Seele des Menschen nicht fand, entdeckte dafür die Bedeutung der Körperzellen und ihrer Funktionsweise, und 1928 fand Alexander Fleming (1881–1955) die antibiotische Wirkung des im Schimmelpilz enthaltenen Penicillin heraus. An dieser Stelle scheint es angebracht, das Jahr 1899 zu erwähnen. Denn erst an der Schwelle zum 20. Jahrhundert wurde es in Deutschland den Frauen gestattet, Medizin zu studieren.

»Ich habe sehr viele Leichen seziert, aber eine Seele habe ich nicht gefunden.«

Rudolf Virchow, Begründer der Zellpathologie (1821–1902)

Wir haben eine ausgefeilte, wissenschaftlich begründete Medizin, eine Lehre, die auf den Gesetzen der rationalen Wahrnehmung beruht. Und das, was man wahrnimmt und wie man es verarbeitet, wird zum Modell der Welt, zur Erklärung dessen, was uns umgibt, auf uns einwirkt und auf das wir reagieren.

Jede Weltsicht hat ihre Berechtigung, denn innerhalb der Grenzen dieses Gedankenbildes »funktioniert« die Welt nach den aufgestellten Regeln.

Auch unser modernes, rationales Weltbild funktioniert, und darin die ihm innewohnende Magie, denn wir glauben und vertrauen den Regeln, die wir gelernt haben.

Cholerzystolithiasis, Lumbago und ein Analgetikum

Wissen Sie auf Anhieb, was das ist? Wenn Sie gekrümmt vor Schmerzen vernehmen, wie der Arzt mit kühler Stimme konstatiert, dass

Sie sowohl unter dem einen als auch dem anderen leiden und ihnen das dritte wahrscheinlich Erleichterung verschaffen wird, dann müssen Sie ihm das erst einmal glauben.

Wenn Sie dann später zu Hause in einem medizinischen Fachwörterbuch nachschlagen, finden Sie heraus, dass Sie Gallensteine entwickelt und sich einen Hexenschuss eingefangen haben und die daraus resultierenden Leiden mit einem Schmerzmittel gelindert werden sollen.

Die medizinische Forschung und Technik hat in den letzten Jahren ungeheuer viel erreicht, und es wäre völlig falsch, darüber den Stab zu brechen. Aber das medizinische und pharmazeutische Wissen ist der breiten Masse nicht zugänglich, wie auch in den anderen naturwissenschaftlichen Disziplinen nur noch wenige wirklich umfassend verstehen, was alles erforscht wird und wie die interdisziplinären Zusammenhänge sind. Insofern, wenn Sie heute zum Arzt gehen, tun Sie das letztendlich mit der gleichen hoffnungsvollen und gläubigen Haltung, wie unsere Vorfahren ihre Heilkundigen aufsuchten – im Vertrauen darauf, dass die Wissenden und Weisen Ihnen helfen können. Das können sie auch, allerdings nur in einem gewissen Umfang.

Etwas hat sich jedoch geändert, seit der Fortschritt und die Technik Einzug in das Heilwesen gehalten haben. Ein bisschen übertrieben mag folgendes Beispiel sein. Wenn Ihr Arzt Sie nach Ihrem Befinden fragt, dann tut er das auf die gleiche Weise, wie sich Ihr Klempner nach Ihrer defekten Waschmaschine erkundigt; wenn ein Schläuchlein verstopft ist oder ein Lager festgefressen ist, dann repariert er es. So wie die Medizin erfolgreich Krampfadern entfernt oder Hüftgelenke ersetzt. Ja, sogar wenn die Pumpe stottert, kann das behoben werden. Gibt sich Ihre Waschmaschine energie- und antriebslos, dann runzelt der Mechaniker traurig die Stirn, wedelt abwehrend mit den Händen und murmelt etwas von Elektronik und nichts zu machen. Manch ein Arzt zeigt diese Art von Hilflosigkeit auf andere Weise. Wenn ihm etwas von Energielosigkeit und Ausgebranntsein erzählt wird oder über Dauerstress und blankliegende Nerven, dann greift er zum Rezeptblock und verschreibt einen chemischen Aufheller oder ein Beruhigungsmittel. Beides beseitigt vordergründig ein Symptom, nicht aber die Ursache.

Die Heiler früherer Zeiten hatten in diesem Fall einen größeren Handlungsspielraum. Wären Sie mit diesem Problem zu Ihrem Schamanen gegangen, so hätte er sich auf die Reise begeben, um den verloren gegangenen Teil Ihrer Seele zu suchen und ihn mit Hilfe seiner und Ihrer Geisthelfer zurückzubringen. Der heilkundige Druide hätte Ihnen geholfen, sich Ihres Problems in bildhafter Form bewusst zu werden, und Riten gewusst, die heilenden Kräfte der Natur zu Hilfe zu rufen. Auch der Runenkundige hätte hier raten können: eine machtvolle Sigille oder ein wirksamer Spruch, die Ihnen die verlorene Energie wiedergegeben hätten. In den Tempeln des Äskulap hingegen hätten Sie sich unter kundiger Anleitung selbst um den Rat der Götter bemüht, und ein Arzt, der um das Zusammenwirken der vier Säfte wusste, hätte versucht, Ihr inneres Gleichgewicht wiederherzustellen. Die kosmischen und persönlichen Rhythmen hätte der astrologisch gebildete Arzt berücksichtigt und Ihnen erklärt, wie die Harmonie wiederherzustellen sei. Mit Paracelsus wiederum hätten Sie ausführlich über die fünf Ursachen Ihrer Erkrankung nachdenken können und dann ein genau auf Ihr Problem passendes, spagyrisch zubereitetes Heilmittel erhalten.

Ganzheitlich hat man einst gedacht, und wie auch der gelehrte Bischof Isidor von Sevilla (560–636) ganz bemerkenswert festgestellt hat, muss ein guter Arzt die sieben freien Künste, die zur Grundausbildung eines jeden Akademikers bis weit in das Mittelalter hinein gehörten, auf das Gründlichste beherrschen, um seinen Beruf ausüben zu dürfen und zu können:

Grammatik Der Arzt muss lesen und schreiben können, seine Fachliteratur verstehen und selbstständig nachvollziehbare Aufzeichnungen machen können. Sprachkompetenz heißt diese Eigenschaft, die man heute voraussetzt.

Rhetorik Der Arzt muss sich dem Patienten verständlich machen, er muss erklären können, welcher Art die Krankheit ist, und an allererster Stelle überzeugend darstellen, welche Therapie er vorschlägt und wie sie wirkt. Er muss also in der Lage sein, ein verständnisvolles Patientengespräch zu führen.

Dialektik/Logik Der Arzt muss diese Kunst beherrschen, um abzuwägen, welche Maßnahmen er zu ergreifen hat. Denn eindeutige Diagnosen gibt es nur selten, und es sind immer mehrere Fakten gegeneinander abzuwägen. Das Denken in Zusammenhängen wird also hier gefordert.

Arithmetik Jeder Arzt beherrscht sie, wenn es um das Erstellen seiner Rechnungen geht. Er sollte aber auch die Berechnung von Maßen, Gewichten, Intervallen beherrschen und Statistiken auswerten. Abgesehen davon sollte er unbedingt auch ein Verständnis für die natürlichen Rhythmen des Lebens haben, die ja ebenfalls in der Zahlensymbolik ausgedrückt werden.

Geometrie In diesem Fall ist nicht nur die Lehre von den Formen gemeint, sondern vor allem die Lehre von Geo, der Erde. Dazu gehört das Wissen der Geografie, der Umwelteinflüsse, des Klimas und der Gaben der Erde, wie etwa die Heilkräuter. Und davon sollte ein Arzt einfach Kenntnis haben.

Musik Sie wirkt nachhaltig auf den Seelenzustand des Menschen, weshalb in manchen Praxen und Wartezimmern zumindest leise, beruhigende Hintergrundmusik zu hören ist. Aber Musik ist auch die Lehre der Harmonien, und diese bei dem Erkrankten wiederherzustellen ist Aufgabe des Heilers.

Astronomie Aus heutiger Sicht würden wir diese Disziplin als Astrologie bezeichnen, denn sie betrifft die Lehre von den kosmischen Kräften, die sich in den verschiedenen Entwicklungsstadien des Menschen widerspiegeln. Ein Arzt tut gut daran, bei seinem Patienten herauszufinden, in welcher – vielleicht krisenhaften – Stufe seiner Entwicklung sich dieser befindet, um seine Therapie daran zu orientieren. Es wäre sicher kein Rückschritt, wenn sich das heutige Medizinstudium wieder daran erinnerte. Eventuell könnte dann der Dialog zwischen Arzt und Patient fruchtbarer werden.

Heilen im magischen Weltbild

Rhythmen des Körpers, der Jahreszeiten, des Lebensalters, jener von Sonne und Mond bestimmen unser Befinden. Träume und Bilder des Unbewussten spiegeln es wider. Was unsere Vorfahren ohne Zeitmesser herausgefunden haben, dient auch heute noch der Heilung.

Archetypen, Zyklen, kosmische Rhythmen

»Ich werde mein Leben und meine Kunst stets lauter und rein bewahren. In welche Häuser ich auch gehe, ich werde es nur zum Wohl der Kranken tun. Ich werde mich jeder eigennützigen und verderblichen Handlung enthalten.«

Eid des Hippokrates

Bis hierhin haben Sie einen Überblick über die historische Entwicklung der magischen Heilkunst erhalten. Wir sind in der Gegenwart angelangt, und hier sieht es zunächst einmal traurig aus. Die Denker und Forscher haben sich voneinander getrennt. Die einen denken über Ethik und soziale Verhaltensformen nach, die anderen zerlegen die Natur in ihre Bausteine. Das Ergebnis beider Vorhaben nennt sich Fortschritt, und was dabei endgültig auf der Strecke blieb, ist die beseelte Natur. Eine Katze ist ein Versuchstier geworden und kein geistiger Helfer mehr, ein Edelstein besteht aus Molekülen, die in einem Gitternetz angeordnet sind, und hat keine heilende Schwingung mehr, sondern dient in Form von Schmuckstücken höchstens noch als Statussymbol. Der Mond ist begehbar geworden, ein beleuchteter, unbelebter Gesteinsbrocken, der von der Schwerkraft gezwungen um die Erde kreist. Die Ahnen vermodern in ihren Gräbern, die moderne Gesellschaft ist zu einem bloßen Wirtschaftssystem degeneriert, in dem Angebot und Nachfrage die Hauptrollen spielen, und die Barden singen nicht mehr von den göttlichen Mysterien, sondern kassieren ihre Gagen für technisch hochgerüstete Shows.

Heilung bringt die Medizin. Der Fortschritt hat sie weit vorangebracht, niemand muss mehr an einer infizierten Wunde sterben, keiner an einem entzündeten Blinddarm, Frauen sterben nicht mehr im Kindbett, abgetrennte Gliedmaßen werden wieder angenäht und schadhafte Organe ersetzt.

Warum, so fragt man sich, werden die Ausgaben für das Gesundheitswesen immer höher? Wir müssten doch ein Volk von geradezu blühender Gesundheit sein. Sind wir aber augenscheinlich nicht.

Fehlt uns vielleicht etwas?

Werfen wir einen Blick in die Zukunft, um die Antwort zu suchen. Sie ist nicht ganz so düster, wie es nach dem letzten Kapitel den Anschein haben könnte. Denn wir sind heute an einem Punkt angekommen, an dem es uns möglich ist, über die Grenzen hinweg die vielfältigen Weltbilder miteinander zu vergleichen. Aufgrund unseres Wissens über die geschichtlichen Entwicklungen, über die Glaubenswelten anderer Völker und auch die Erkenntnisse der Naturwissenschaften gelingt es uns, Verbindungen zu sehen, Ähnlichkeiten und Grundprinzipien festzustellen und daraus den Versuch wagen zu können, ein neues Denkmodell der Welt zu schaffen. Diejenigen, die sich mit Magie (und artverwandten Denkansätzen) befassen, arbeiten daran. Und der erste vorsichtige Versuch zeigt, dass man auch mit diesem Wissen eine in sich schlüssige Vorstellung entwickeln kann, die alte und neue Erkenntnisse miteinander verbindet.

Nicht nur die wissenschaftlich bekannten Energien, die sich im Übrigen noch nicht zur Gänze klar definieren lassen, sondern auch die erahnten magischen Kräfte ergeben ein komplexes Muster, das sich durch das gesamte Universum erstreckt und damit selbstverständlich auch den Menschen mit einbezieht. Ein Netzwerk, verknüpft über alle Räume und Zeiten hinweg, schwingend in seinem eigenen Rhythmus, fließend, sich entfaltend und wieder zusammenziehend, für den menschlichen Verstand nie ganz fassbar und doch – in seltenen Augenblicken – erkennbar, verbindet uns mit allem. Es verbindet uns mit der schöpferischen Idee, die diesem intelligenten Universum zugrunde liegt. Es ist intelligent und sinnvoll, wenngleich wir weder die Stufe dieser Intelligenz erreichen noch seinen Sinn endgültig entschlüsseln können. Aber wir können die Kräfte darin nutzen, so wie unsere Vorfahren es auch getan haben, wenn wir unser Bewusstsein öffnen, wenn wir die Bilder, die Ähnlichkeiten, die Symbole anwenden, die uns mit ihnen verbinden. Sie sind nicht nur außerhalb, sondern Teil von uns. Wir können im Einklang mit ihnen schwingen, wir müssen es sogar. Denn wenn wir sie ignorieren oder nur zu egoistischen Zwecken nutzen, droht »Un«-Heil, im schlimmsten Fall Krankheit. Leben wir aber im Fluss mit den magischen Kräften, den inneren und den äußeren, haben wir die Chance, heil zu werden, im besten Fall also gesund zu sein.

Energien und Kraftströme

Es gibt zwei Erklärungsversuche, die versuchen, das Fehlende in unserer Denkweise zu erklären – das eine ist das Energiemodell und das andere das Modell der unbewussten Kräfte. Beginnen wir mit dem Energiemodell. Seit die Menschheit sich mit dem elektrischen Strom auseinander setzt, wird der Begriff Energie allenthalben im Munde geführt. Allerdings ist nicht nur die Energie aus der Steckdose gemeint, sondern die exotisch erscheinenden Gedankengebäude vor allem aus dem asiatischen Bereich. Sie schärften im 19. und 20. Jahrhundert plötzlich den Blick für ganzheitliche Energieformen. Es lässt sich nicht leugnen, dass auf der einen Seite damit unter dem Begriff Okkultismus Schindluder betrieben wurde. Es wurden (und werden auch heute noch in manchen leichtgläubigen Kreisen) diese Energien vor allem wegen des Nervenkitzels eingesetzt. Auf der anderen Seite hat sich aber klar erwiesen, dass es erstens diese Formen der

Energien tatsächlich gibt und sie sich zweitens auf den Körper auswirken. Sie wirken sich auch auf die Seele aus, womit wir wieder in den Bereich des Unerklärbaren kommen.

Doch was ist die Seele? Und wie spielen Körper und Seele zusammen?

»In der chinesischen Medizin ist der ideale Arzt ein Weiser, der weiß, wie alle Muster des Universums zusammenarbeiten…«

Margaret Lock

Diejenigen, die sich in diesen geistigen Welten auskennen und darin bewandert sind, wissen, wie die Ströme der Lebenskraft im Körper verlaufen, und können sie durch gezielte Maßnahmen beeinflussen. Sie kennen sich aus mit den Meridianen des Körpers, den Chakren oder der Aura. Viele der neuen Körpertherapien, wie Akupunktur, Akupressur, Shiatsu, Thai Chi, arbeiten mit den Lebensenergien. Die Heiler kennen auch die Strömungen der Erde, die sich anregend oder besänftigend auf den Körper auswirken, die heilend oder störend wirken können. So erfreut sich Feng Shui auch bei uns immer größerer Beliebtheit, denn eine Umgebung, in der die Energieströme auf harmonische Weise fließen, sorgt mit Gewissheit für Wohlbefinden.

In dieselbe Richtung gehen die Vorstellungen von den energetischen Beeinflussungen. Dabei werden den Pflanzen und Steinen Heilkräfte zugesprochen. Hier nähern wir uns dem uralten Wissen der Naturreligionen. Wissenschaftlich haben wir eine Erklärung für das Phänomen gefunden, dass beispielsweise ein Kristall oder ein hoch verdünnter Pflanzenauszug heilen kann. Wir sprechen von Schwingungsmustern, nicht etwa von helfenden Geistern.

Ganzheitlich orientierte Heiler der verschiedensten Richtungen arbeiten mit diesem Energiemodell, und das nicht ohne Erfolg, wenngleich es sich den strengen Regeln der Wissenschaft entzieht. Derartige Methoden kann man aus diesem Grund durchaus magisch nennen.

Begegnung mit dem Osten

Franz Anton Mesmer (1734–1815), studierte wie einst Goethes Faust Philosophie, Medizin, Jura und auch Theologie und schrieb seine Doktorarbeit über den Einfluss der Planeten. Er muss für seine Zeit ein universell gebildeter Mann gewesen sein, und prompt legte er sich mit der gesamten schulmedizinischen Ärzteschaft an. Denn er setzte zum Heilen seiner Patienten den Magnetismus ein. Seine Thesen dazu lauten:

- Es gibt eine Kraft, die das ganze Weltall durchdringt und alles miteinander verbindet. Sie besteht aus einem vollkommenen, beweglichen Stoff von unvergleichlicher Feinheit.
- Alle Krankheiten sind eine Folge davon, dass sich diese Kraft im Körper der betroffenen Personen im Ungleichgewicht befindet.
- Um zu heilen, muss das gestörte Gleichgewicht wiederhergestellt werden.
- Dazu führt man dem Körper diese geheimnisvolle Kraft wieder zu.
- Diese Form der Heilung wird durch einen Magnetiseurarzt vorgenommen, der nicht nur

mit der medizinischen Lehre, sondern auch mit der Technik des Magnetisierens und ihrer Möglichkeiten vertraut sein muss, um diese Kraft in sich aufzunehmen, durch sich hindurchfließen zu lassen und sie nach Bedarf zu verstärken oder abzuschwächen.
(Zitiert nach Miers, Horst E.: Lexikon des Geheimwissens, Goldmann Verlag, München 1993)

Die meisten betrachteten Mesmer als Spinner. Bis auf einige wenige, die darin jedoch einen interessanten Ansatz fanden. Der wunderliche »Stoff« bekam andere Namen: *Od* von dem Naturforscher Karl Freiherr von Reichenbach (1788–1869) oder *Orgon* von Wilhelm Reich (1897–1957), einem Arzt und Psychoanalytiker, dem Begründer der Bioenergetik. Die magisch-philosophisch interessierten Denker in jener Zeit, in der die analytischen Naturwissenschaften zur Hochblüte gelangten, fanden das Tor zum Osten und deren Lehren.

Und hier taten sich plötzlich Parallelen auf. Der Japaner Mikao Usui (1865–1929) entwickelte auf der Basis jener allgegenwärtigen kosmischen Energie (*Ki*) die Techniken des Reiki. Die Beschäftigung mit der indischen Philosophie führte zur Lehre von Chakren, den sieben Energiezentren des Körpers, durch die die kosmische Energie *Prana* strömt. In den 30er Jahren des 20. Jahrhunderts beschäftigten sich erstmals französische Ärzte mit der traditionellen chinesischen Medizin und entdeckten den therapeutischen Wert der Akupunktur, der Stimulierung bestimmter Punkte auf Energiebahnen des menschlichen Körpers. Diese alles durchströmende Lebensenergie wird *Chi* genannt.

Doch so exotisch, wie sie anmuten mag, ist diese Lehre der heilenden Energie auch in der abendländischen Kultur nicht. Erinnern wir uns an die Kunst des Handauflegens.

Wir bewegen uns hier auf magischem Gebiet, denn wie auch immer diese Energie bezeichnet wird, wie auch immer sie gelenkt, stimuliert oder gedämpft wird – sie zeigt zwar ihre Wirkung, aber sie kann trotzdem bis heute noch nicht wissenschaftlich nachgewiesen werden.

Praxis: Die Hände sensibilisieren

Also messen kann man jene geheimnisvolle Energie nicht; und man kann sie auch nicht sehen, hören, schmecken und riechen. Aber man kann sie, etwas Übung und innere Einstellung vorausgesetzt, fühlen. Probieren Sie doch einmal folgende Übung:

Nehmen Sie sich etwas Zeit, und entspannen Sie sich. Mit innerer Hektik und wandernden Gedanken wird diese Erfahrung schwierig. Halten Sie Ihre Hände in einem Abstand von etwa 50 Zentimetern mit den Handflächen zueinander gewandt. Konzentrieren Sie sich auf das Gefühl in Ihren Handflächen, und führen Sie die beiden Hände dann ganz langsam zusammen. Wirklich sehr langsam und immer darauf bedacht, die verschiedenen Eindrücke wahrzunehmen.

Wiederholen Sie diese Sensitivitätsübung einige Tage hintereinander. Und dann können Sie überprüfen, welche Gefühle Sie wahrnehmen, wenn Sie Ihre Handflächen in gleicher Weise entspannt und konzentriert einer Pflanze, einem Tier, ihrem eigenen Körper oder dem eines anderen Menschen nähern.

Die Empfindungen sind individuell unterschiedlich ausgeprägt, aber in etwa bedeutet:

Wärmeempfinden Die Lebenskraft fließt aus Ihren Händen in einen Körper, der diese benötigt. Er nimmt sich, so viel er braucht, um sein eigenes Defizit auszugleichen.

Kälteempfinden Hier liegt eine Blockade der Lebenskraft vor; die Energie kann aus den verschiedensten Gründen nicht frei fließen. Alte Verletzungen, Narben und Ängste können die Ursache sein.

Festkleben Der Eindruck, dass die Hände an einer bestimmten Stelle über dem Körper zäh hängen bleiben, sagt Ihnen vermutlich, dass dieser Bereich besonders der Energie bedarf. Halten Sie Ihre Hände so lange darüber, bis Sie das Gefühl haben, sie wieder uneingeschränkt bewegen zu können.

Abgestoßen werden Ähnlich wie das Kälteempfinden zeigt dieses Gefühl an, dass die Energie in diesem Bereich stark blockiert ist.

Kribbeln Ihre Hände befinden sich über einem Entzündungsherd, und derjenige, bei dem Sie diese Empfindung verspüren, sollte sich unbedingt ärztlich untersuchen lassen.

Stechender Schmerz Hier löst sich gerade eine Stauung der Lebensenergie auf, es ist ein heilender Schmerz, der aufgenommen und akzeptiert werden sollte.

Dumpfer oder ziehender Schmerz Dieser Fall kann anzeigen, dass eine alte Stauung oder Blockade der Lebensenergie bereit ist, sich aufzulösen.

Strömen Diese Empfindung zeigt mit großer Wahrscheinlichkeit an, dass zwischen Ihren Händen und dem anderen Körper die Lebensenergie frei fließt. Freuen Sie sich darüber. Energie geht nicht verloren! Haben Sie also keine Angst, wenn Sie bei jemandem fühlen, dass er diese Lebensenergie benötigt, die Sie ihm geben können. Sie ist eine Quelle, die sich immer wieder erneuert, Sie sind der Kanal dieser Kraft, der Liebe, die den ganzen Kosmos durchwebt.

Die Kraft des Unbewussten

Neben dem Energiemodell als Erklärung der magischen Kräfte hat sich ein weiteres, ausgesprochen schlüssiges Bild entwickelt, in dem sich, wenn man es richtig betrachtet, viele alte Erfahrungen wiederfinden lassen. So etwa das Wissen, dass Körper und Seele sich gegenseitig beeinflussen und dass das Tagesbewusstsein nur die Oberfläche einer viel tieferen Erfahrungswelt ist, die sich der Mensch erschließen kann, wenn er die richtigen Techniken lernt und die wirkungsvollen Symbole und Bilder verwendet. Und die ähneln wundersam dem, was wir aus den magischen Weltbildern der Vergangenheit kennen.

In unserer neuzeitlichen Entwicklung hat Sigmund Freud (1856–1939) den ersten Meilenstein gesetzt. Das große Verdienst des Begründers der Psychoanalyse ist die Wiederentdeckung der Tatsache, dass unbewusste Seeleninhalte zu körperlichen Störungen führen können. Er war es auch, der wieder den Träumen Beachtung schenkte. Ein wenig ungeschickt und vom puritanischen Geist seiner Zeit geprägt ist allerdings seine Überbetonung des Trieblebens, insbesondere des Geschlechtstriebs als Begründung für alle möglichen Störungen. Es lässt sich zwar vieles auf die Sexualität zurückführen – aber eben nicht alles.

Sehr viel differenzierter ging sein Kollege C.G. Jung (1875–1961) vor. Er führte die Gedanken Freuds weiter, indem er in seine psychologischen Überlegungen auch die Lehren der Alchemie, der Astrologie und der Mythen einfließen ließ. Sie haben über eine seiner Ableitungen bereits im Kapitel über die Alchemie einiges erfahren (siehe Seite 53ff.). Ihm verdanken wir die Verbindung zwischen den Göttern und den Helden der Vergangenheit und dem, was an archetypischen Seelenanteilen in jedem von uns schlummert.

Diese Archetypen sind die Urbilder des Menschen mit ganz bestimmten Charaktereigenschaften, überhöht, überzeichnet manchmal, aber damit symbolisch und beispielhaft und geeignet, bestimmte psychische Phänomene zu erklären. Und so sind sie plötzlich alle wieder da, ob Große Mutter oder göttliches Kind, ob verschleierte Unbekannte oder leidenschaftlicher Krieger, ob verschlingender Vamp oder gütiger Vater. Einst nannten sie sich Demeter, Jesus, Isis, Mars, Lilith oder Jupiter, heute dienen sie als Erklärungsbilder einzelner Seelenanteile. Wie man sie wecken kann, das wissen diejenigen, die sich mit der Psyche des Menschen auseinander setzen. Dass man sie einschläfern und betäuben kann, wissen diejenigen, die mit chemischen Mitteln, mit Medikamenten, die Seele ruhig stellen. Wie man sie manipuliert, für die eigenen Ziele nutzbar macht, wissen die Werbefachleute. Wie man die eigenen Heilkräfte darin aktiviert, wissen verantwortungsvolle Heiler. Und nicht nur sie, sondern auch jeder Einzelne kann selbst an sich arbeiten, und das ist der größte Nutzen, den diese Betrachtung der wirkenden Kräfte hat.

Dennoch, das psychologische Modell der Magie ist eines der gefährlichsten überhaupt, denn mit ihm wird der

größte Missbrauch getrieben. Andererseits können dadurch auch die ungewöhnlichsten Erfolge erzielt werden.

Die Bewusstseinsebenen

Sehen wir uns die Archetypen etwas genauer an, denn sie sind es, die seit jeher die magischen Welten bevölkern. Doch dazu müssen wir in die unteren Etagen des Bewusstseins hinabsteigen, denn oben an der Oberfläche der Realität sind sie nur in seltsam abgeflachter Form zu finden – zwischen Buchseiten, auf Monitoren und auf der Leinwand. Sie sind Fiktion, Kunstprodukte und manchmal technische Konstruktionen. Wirklich lebendig und wirksam werden sie auf anderen Ebenen.

Unser Tagesbewusstsein, der Zustand, in dem Sie sich jetzt wahrscheinlich gerade befinden, dient dem Überleben in der materiellen Welt. Ihre Sinnesorgane nehmen Ihre Umgebung auf, Ihr Verstand ordnet diese Eindrücke gemäß Ihrer Erfahrungen zu, und Sie handeln entsprechend. Auf manches hingegen reagieren Sie auch nicht, entweder weil es Ihnen belanglos erscheint, Sie daran gewöhnt sind oder weil Sie sich nicht sonderlich darauf konzentriert haben. Das vorbeifahrende Auto, das Schlagen der Uhr, ein Windhauch – unendlich viel nehmen unsere Sinnesorgane auf, ohne dass es weiterverarbeitet wird. Manches aber ignorieren wir auch gerne, vor allem, wenn es unliebsame Gefühle zu wecken droht. In unser Tagesbewusstsein dringen all diese Dinge nicht ein, aber dennoch findet es einen Speicherplatz in einer etwas tieferen Schicht, im Unbewussten. Dort liegen die persönlichen Erinnerungen und Wünsche, manches halb, anderes völlig vergessen, manches schon erahnt, aber noch nicht erkannt. Hin und wieder taucht etwas aus diesen Schichten auf und kehrt ins Bewusstsein zurück, z. B. wenn bestimmte Reize Erinnerungen wecken oder sich plötzliche Zusammenhänge erkennen lassen, die zuvor noch nicht offensichtlich waren.

Das »persönliche Unbewusste« ist sozusagen ihr Privatordner, die Datei, die Sie selbst angelegt haben. Doch es gibt noch eine tiefere Schicht. Um diese mit dem gleichen Bild zu beschreiben: Hier haben Sie die Datenbank, in der die Menschheitsdaten abgespeichert sind. Das »kollektive Unbewusste« ist in allen Menschen vorhanden, und in ihm finden sich die Archetypen, urtümliche, seit alters her vorhandene Bilder, symbolische Figuren und deren Handlungsweisen. Sie wirken dort in den Tiefen und helfen auf subtile Weise, die persönlichen Erfahrungen zu ordnen – wenn man es zulässt. Auch sie dringen beizeiten an die Oberfläche, in Träumen und Tagträumen, in den Phantasien der Künstler und in den Gebeten der Gläubigen. Dort erkennen wir sie wieder – mit der Seele meist, nicht mit dem Verstand. Wir finden sie in den Mythen und Märchen, den Legenden und Fiktionen. Wir können diese Archetypen jedoch nicht nur wiedererkennen, wir können uns auch mit ihnen verbinden. Sie sind keine leblosen Schattenbilder, sondern Wirkkomplexe von großer Kraft, deren Wissen so alt ist wie das Leben. Eine von jenen vielen Gestalten, die, wenn sie willentlich angesprochen wird, uns weisen Rat erteilen kann, ist der innere Arzt oder die innere Heilerin.

Praxis: Den inneren Heiler treffen

Eine Wanderung in die eigenen Tiefen sollte man nicht unvorbereitet durchführen, vor allem nicht, wenn man derartige Übungen noch nie oder noch nicht oft gemacht hat. Ganz wesentlich ist, dass man sich bewusst von einer Welt in die andere begibt und genauso bewusst und willentlich wieder zurückkehrt. Hilfsmittel dazu sind bestimmte, bewährte rituelle Handlungen: Die symbolische Reinigung dient dazu, störende Einflüsse zumindest eine gewisse Zeit lang auszuschließen; die Erdung (siehe Seite 88f.) ist die Verankerung in der realen Welt und dient auch dem Kräfteausgleich. Der magische Kreis (siehe Seite 36) wiederum ist der geschützte Raum, in dem man den Kontakt mit den anderen Welten aufnimmt.

»Das Beste, was wir tun können, ist, diesem Arzt, der im Inneren jedes Einzelnen wohnt, eine Gelegenheit zur Wirkung geben.«

Albert Schweitzer

Bevor Sie also den Besuch bei Ihrem inneren Heiler unternehmen, reinigen Sie sich, erden Sie sich, und ziehen Sie den magischen Kreis um sich. In der Mitte des Kreises lassen Sie sich nieder. Entspannen Sie sich, schließen Sie die Augen, und stellen Sie sich eine Treppe vor, die nach unten führt. Es ist eine ansprechende, hübsche Treppe, sicher und mit breiten Stufen. Welcher Art sie sich darstellt, ob sie aus schön gemasertem Holz, aus geädertem Marmor oder in Felsgestein geschlagen ist, bleibt Ihnen überlassen. Doch sie sollte mindestens zehn, wenn nicht gar zwanzig Stufen haben, die Sie eine nach der anderen hinabsteigen. Atmen Sie dabei jeweils tief ein und aus. Sie können davon ausgehen, dass Sie am Ende der Treppe eine friedliche Landschaft vorfinden. Vielleicht einen einsamen Meeresstrand, eine schattige Waldlichtung, eine blühende Wiese, das schilfgesäumte Ufer eines stillen Teiches ... Suchen Sie sich ein angenehmes Plätzchen, und setzen Sie sich nieder. Dann bitten Sie, dass sich Ihr Heiler oder Ihre Heilerin Ihnen zeigt. Es mag vielleicht eine Weile dauern, doch wenn man aufrichtig und ohne zu zweifeln darum bittet, wird jemand erscheinen, zu dem Sie tiefes Vertrauen fassen. Wie diese Gestalt aussieht, liegt in Ihrem Inneren. Das kann man nicht vorhersagen.

Meine Begegnung hatte ich mit einem alten, braun gewandeten Mütterchen, das eifrig an einem Strickstrumpf arbeitete. Aber sie war sehr fröhlich, und ihre Ratschläge, die sie mir auf meine Fragen gab, waren wahrhaftig gut.

Unterhalten Sie sich mit Ihrem inneren Heiler, bewahren Sie seine oder ihre Antworten in Ihrem Gedächtnis auf. Und wenn Sie genug erfahren haben, bedanken Sie sich und verabschieden sich höflich. Dann steigen Sie die Stufen Ihrer Treppe wieder hinauf. Zählen Sie dabei langsam von zehn (oder zwanzig) rückwärts. Bewegen Sie Ihre Glieder, räkeln Sie sich, öffnen Sie langsam die Augen. Überdenken Sie noch einmal, was Sie erfahren haben. Dann lösen Sie den magischen Kreis auf und erden sich, wenn nötig, noch einmal. Diese Trancereise können Sie natürlich so oft wiederholen, wie Sie es für nötig erachten. Doch unternehmen Sie sie nie, ohne sie in ein Ritual einzubinden. Denn Magie birgt auch Gefahren. Mit dem Unbewussten spielt man nicht, sonst drohen psychische Störungen.

Neurose und Psychose

Auch im Seelenleben führt eine Irritation des Gleichgewichtes zu Un-Heil. Vereinfacht gesagt verursacht ein Zuwenig an Kenntnis der eigenen Tiefen die Neurosen, ein zu tiefes Abtauchen in diese Tiefen die Psychosen. Wer unliebsame Erlebnisse unverarbeitet aus dem Bewusstsein verdrängt, lagert sie sozusagen ein Stockwerk tiefer ab.

Das ist zunächst ein recht gesunder Schutzmechanismus, um seelische Schmerzen zu vermeiden und erst einmal weiterzuleben. Aber wenn diese Art, mit Erlebnissen umzugehen, zur Methode wird, dann lagern sich im Keller mehr und mehr Schichten von seelisch Unverdautem ab, und irgendwann quillt der Müll durch irgendwelche undichten Stellen hervor. Dann kann es passieren, dass wir im Schlaf schutzlos unseren Träumen, den Boten aus jenem Kellergeschoss, ausgesetzt werden, was zu erschreckenden Horrorszenarien führen kann.

Schlimmer sind unkontrollierbare Ängste und Aggressionen, Zwangsverhalten und Hypochondrie bis hin zu psychosomatischen Krankheiten – Erkrankungen, die offensichtlich keinen organischen Ursprung haben. In den magischen Lehren sind diese Neurosen wohlbekannt und auch die Methoden, wie man mit ihnen umgehen kann – im Guten wie im Bösen, muss man hinzufügen, denn was da in den Tiefen des Unbewussten gärt und wühlt und nach außen drängt, das sind die Dämonen. Wenn man sie bewusst weckt (die magische Terminologie spricht hier von »beschwören« oder »evozieren«), dann entwickeln sie ein Eigenleben; und zwar entweder indem sie den Menschen zerstören oder indem der Mensch sie zähmt und dienstbar macht. Letzteres ist der wahre Heilungsprozess, denn er bedeutet, den Schatten, der einst unverarbeitet in den Keller geschickt wurde, zu benennen, zu erkennen, zu wandeln und sich als positives Stückchen Seele wieder einzuverleiben.

Zu wenig Kenntnis der unbewussten Kräfte ist die eine krankhafte Form, zu viel darin herumzuwühlen die andere gefährliche Seite. Wer den Kontakt zur Wirklichkeit zugunsten seiner Traumwelten aufgibt, wer immer Illusionen über sich selbst und seine Umgebung nachjagt, in Phantasiewelten versinkt oder gar die Flucht in Drogen sucht, ist ebenfalls krank. Dann zersplittert die Persönlichkeit, bestimmen anscheinend fremde Mächte Teile des Lebens, und Realität und Vision werden nicht mehr getrennt.

Die Magie kennt diese Phänomene natürlich auch: Sie nennt sie Besessenheit. In bestimmten Fällen wird dieser Zustand sogar willentlich herbeigeführt: Es ist das »Hineinrufen« der Götter und Geister, das »Invozieren«, ein zeitlich begrenzter schizophrener Zustand, der, wie alle Magier wissen, mit äußerster Vorsicht zu behandeln ist. Wer zu tief und zu lange in den anderen Welten wandert, muss auf seinen eigentlichen, authentischen Wesenskern zurückgeführt werden, muss Halt und Form in der materiellen Welt erhalten. Darum wird bei allen magischen Praktiken immer ein ausgesprochen großer Wert darauf gelegt, sich gründlich zu erden, sich an vorgeschriebene Regeln zu halten und magische Arbeiten in förmliche Rituale einzubinden.

Dennoch, das Unbewusste ist das Arbeitsfeld der Magie, und der wissentliche und willentliche Wechsel der Bewusstseinsebenen, das absichtsvolle Überschreiten der Grenzen zu anderen Welten führt, wenn es mit der richtigen Intention gemacht wird, zu den gewünschten Veränderungen im Leben.

Der große Rhythmus

Wir mögen noch so sehr Uhren und Terminplaner unseren Tagesablauf bestimmen lassen, den kosmischen Rhythmen können wir uns nicht entziehen. Die Sonne bestimmt den Tag, der Mond die Wochen und Monate, die sich um ihre Achse drehende Erde die Jahreszeiten. So war es schon immer, seit die ersten Moleküle sich entschieden haben, sich zu lebensfähigen Gebilden zusammenzuschließen.

Alles hört auf diesen Rhythmus: die Gezeiten der Meere und die Gezeiten der Fruchtbarkeit, das Wachstum der Pflanzen, die winterschlafenden Tiere und die reisenden Zugvögel, unsere Zellen mit ihrem Wasserhaushalt und unsere Seele. Nur unser Ich arbeitet dagegen an. Mit künstlicher Beleuchtung, mit Klimaanlagen und Solarien, mit Winterurlaub in sommerlichen Gefilden, mit Kaffee gegen die Müdigkeit, mit Schlafmittel gegen das Wachsein ...

»Geborenwerden hat seine Zeit, sterben hat seine Zeit, (...) töten hat seine Zeit, heilen hat seine Zeit ...«

Prediger 3.2

Auch die körperliche und geistige Entwicklung des Menschen unterliegt den natürlichen Schwingungen. Sie ist in den ersten Lebensjahren augenfällig, und niemand würde von einem Kleinkind bereits die Leistungen verlangen, die ein Erwachsener zu erbringen hat. Doch in den späteren Jahren kämpfen wir oft gegen die Entwicklung an oder, was ebenso schädlich ist, geben viel zu früh auf. In dem ersten Fall diktiert häufig die Angst vor dem Älterwerden das Verhalten; der Körper wird überfordert, mit Medikamenten, manchmal auch mit chirurgischen Eingriffen »verjüngt« und naturgemäße Schwächen werden ignoriert. Dann steht der Stress, noch immer mit den Jüngeren mithalten zu müssen, der eigenen inneren Reife im Weg. Im zweiten Fall heißt es viel zu früh: »Ach, dafür bin ich doch schon zu alt!« Man vermeidet jegliche Anstrengung, nicht nur die körperlicher Art, sondern auch die der geistigen. Doch wer seinen Körper nicht in seinen Grenzen herausfordert, wird schlapp: Untrainierte Muskeln schrumpfen, der Kreislauf wird labil, der Körper anfällig für Unfälle und Krankheiten. Und dasselbe geschieht mit dem Verstand. Wer sich nur noch berieseln lässt, das eigene Denken der Bequemlichkeit opfert, verliert auch die Fähigkeit, geistig flexibel zu bleiben und sich neuen Situationen anzupassen.

Harmonie entsteht, wenn wir nicht gegen die Schwingung des Universums ankämpfen, sondern mit ihr leben. Befindlichkeitsstörungen und Krankheiten, Symptome der Disharmonie treten auf, wenn wir mit Gewalt einen anderen Rhythmus erzwingen. Das bedeutet übrigens einen beträchtlichen Kraftaufwand und Energieverschwendung sowohl körperlicher als auch geistiger Art, nebenbei auch eine ganz konkrete Ressourcenverschwendung. Der Jetlag nach einem Langstreckenflug in eine andere Zeit- und Klimazone gibt ein beredtes Zeugnis davon.

Heilung erfolgt, wenn wir uns rückbesinnen und auf unseren Körper hören, der nur zu gut den Lauf des Mondes und den Wechsel der Jahreszeiten kennt.

Nicht von ungefähr haben in der Magie die Zeiten abhängig vom Stand der Gestirne eine tiefe Bedeutung.

Kosmische Rhythmen

Wer sich mit der magischen Denkweise befasst, lernt die kosmischen Rhythmen zu nutzen. Denn erst im harmonischen Mitschwingen entfaltet sich die Wirkung der Kräfte. Das menschliche Leben ist auch von weiteren Rhythmen bestimmt; von alters her hat man deshalb eine Verbindung zu den beweglichen Himmelskörpern gesehen, die in gleicher Weise ihre Bahn ziehen. Die Astrologie ist das sinnfällige Abbild dieser Bewegungen.

Ich möchte an dieser Stelle Ihre Aufmerksamkeit vor allem auf die Wanderung des Planeten Saturn lenken, den Herrn des Schicksals, den Hüter der Schwelle, wie er oft genannt wird. Sein Lauf durch das Horoskop eines Menschen stimmt ausgesprochen genau mit den Entwicklungsstufen des Menschen überein – und dieser Analogieschluss mag dem Saturn auch seinen archetypischen Symbolwert gegeben haben. Etwa 29 Jahre benötigt der Planet, um wieder genau an der Stelle des Himmels zu stehen, an der er zum Zeitpunkt Ihrer Geburt stand. Alle sieben Jahre also steht er im rechten Winkel oder genau gegenüber dieser Position. Und immer dann, wenn er, wie es in der astrologischen Sprache heißt, im Quadrat oder in Opposition oder gar in Konjunktion mit seiner ursprünglichen Position steht, tut sich etwas im Leben des Menschen. Gewöhnlich muss er eine Prüfung ablegen.

- Mit etwa sechs oder sieben Jahren beginnt die Schulzeit. Hier sind die Lektionen des Lebens und die Prüfungen augenfällig.
- Mit 14 kommt die körperliche Lektion des Erwachsenwerdens dazu, die Pubertät.
- Mit 21 dann hat man hoffentlich all das gelernt, was man benötigt, um selbstständig und »voll«-jährig durch das weitere Leben zu gehen. In diese Phase fallen die wichtigen Prüfungen von Schule, Ausbildung, Studium, aber auch die der Partnersuche, Stellensuche, Wohnungssuche…
- Mit ungefähr 29 Jahren ist ein Meilenstein erreicht: Saturn steht zum ersten Mal wieder auf der Geburtsposition. Und da kommt die erste wirklich fundamentale Prüfungsfrage auf. In diesem Alter müssen Sie sich damit auseinander setzen, ob die Art, wie Sie bisher gelebt haben, mit dem übereinstimmt, was Sie auch im Ihrem Inneren sind. Gibt es in dieser

Frage größere Diskrepanzen und ignorieren Sie sie der Bequemlichkeit halber, kann es sein, dass das Schicksal Sie zum Nachdenken zwingt. Mit Unfällen, Missgeschicken und Krankheit.

⊕ Haben Sie die Hürde überwunden, werden Sie mit etwa 35 Jahren das Resultat dessen vorfinden, was sich aus der gewollten oder erzwungenen Veränderung Ihrer Einstellung ergeben hat.

⊕ Ihre Lebensumstände passen sich dann bis etwa zum 42. Lebensjahr an; das Leben entwickelt seine Routinen, und Sie haben jetzt die Zeit, sich auf die Suche nach den inneren Werten zu machen. Genau das sollten Sie auch tun, denn die nächste Prüfung betrifft dieses Thema.

⊕ Um das 49. bis 50. Lebensjahr setzt wieder eine körperliche Wandlung ein, die besonders Frauen stark spüren. Der monatliche Zyklus endet und mit ihm die Fruchtbarkeitsphase.

⊕ Die zweite Wiederkehr des Saturns etwa um den 58. Geburtstag wirft diesmal die Sinnfrage auf, jetzt vor allem unter Berücksichtigung der Schwelle zum Alter. Man sollte sich ihr nicht verschließen. Auf Alter und Tod, das unvermeidliche Ende des Lebens, muss man sich vorbereiten.

Saturn hat keinen guten Ruf, denn er zeigt unerbittlich an, dass die Zeit vergeht und sich der Mensch mit ihr wandelt. Aber genau das ist es, was er uns bewusst machen will, damit wir nicht unerwartet über Schwellen stolpern, auf die wir nicht vorbereitet sind oder bei denen wir zögern, sie rechtzeitig zu überwinden.

Der Siebenjahresrhythmus ist lange bekannt, und sehr treffend beschrieb ihn bereits 640–561 v.u.Z. der Grieche Solon, einer der sieben (!) Weisen: »Zu Ende des ersten Jahrsiebents kommen an der Stelle der Milchzähne die richtigen Zähne, zu Ende des zweiten Jahrsiebts tritt die Geschlechtsreife ein, im dritten sprosst der Bart hervor, das vierte Jahrsiebent ist die Blütezeit des Lebens, das fünfte der Zeitraum der Verehelichung, das sechste bringt die Reife des Verstandes, das siebente Jahrsiebent die Veredelung der Seele durch die Vernunft, das achte die Vollendung von Verstand und Vernunft, das neunte die Zähmung der Leidenschaften und infolgedessen Gerechtigkeit und Milde, im zehnten ist's am besten zu sterben, da in dem darüber hinausliegenden Alter der Mensch nur ein gebrechlicher, unnützer Greis ist.«

Nun ja, unsere Lebenserwartung ist in den letzten 2500 Jahren gestiegen, und nicht jeder 77-Jähriger ist unbedingt ein unnützer Greis.

Praxis: Einschwingen auf den Mondrhythmus

Die großen Zyklen des Lebens können Sie anhand Ihres Lebenslaufes nachvollziehen. Sie sollten sich jederzeit Gedanken darüber machen, in welcher Phase Sie sich gerade befinden. Wenn man weiß, wo man steht, kann man auch die notwendigen Anpassungen vornehmen. Und das wiederum dient der inneren Harmonie und dem ganzheitlichen Wohlbefinden.

Ein weiterer, viel kurzläufigerer Rhythmus bestimmt ebenfalls unser Leben. Es ist eine recht einfache Übung, sich auf ihn einzustellen. Stellen Sie heute Abend einmal fest, in welcher Phase sich der Mond befindet. Dieser geheimnisvolle Begleiter der Erde lässt nicht nur die Meere anschwellen und sinken, er beeinflusst auch alle anderen wasserhaltigen und lichtempfindlichen Organismen. Und der Mensch besteht nun mal zu 70 Prozent aus Wasser. Es ist der Gesundheit förderlich, die Mondphasen zu berücksichtigen. Sie müssen sich natürlich nicht von jetzt an sklavisch an den Mondkalender halten, aber wenn Sie eine gesundheitliche Störung verspüren oder einen Eingriff oder eine Therapie vor sich haben, dann ist es sinnvoll, einen fragenden Blick zum Himmel zu senden.

Knapp 29 Tage braucht der Mond, um einmal seine Runde um die Erde zu machen – und schon wieder haben wir den Siebenerrhythmus im Blut.

Rund und silberhell leuchtend verzaubert der **Vollmond** die Nacht. Er weckt starke Gefühle, manchmal sogar ausgesprochen romantische. In den Vollmondnächten träumen viele Menschen höchst intensiv, andere finden keinen Schlaf und streifen »mondsüchtig« umher. Kinder kommen in diesen Nächten gerne zur Welt.

Doch es ist auch eine gefährliche Phase, da der Körper, wenn er verletzt wird, in dieser Zeit zu starken Blutungen neigt, und die Wundheilung geht nur langsam voran. Darum sollten Sie, wenn es sich vermeiden lässt, um den Vollmondtag herum keine chirurgischen Eingriffe vornehmen lassen. Auch das Fieber steigt höher, und akute Krankheiten verlaufen heftiger. Allerdings ist es ein guter Termin zum Blutspenden, denn der Körper ersetzt das verlorene Blut schneller. Und Frauen, die sich des mondanhängigen Rhythmus ihres Körpers bewusst sind, haben in jenen Tagen ihren Eisprung und damit die höchste Empfängnisbereitschaft.

Der **abnehmende Mond**, der vom Erdschatten allmählich an der rechten Seite angeknabbert wird, bis er nur noch eine schmale Sichel ist, fördert das Abnehmen. Die lunaren Kräfte wirken ausschwemmend und entgiftend. Es dürfte gelingen, in dieser Phase Suchtgewohnheiten mit größerem Erfolg aufzugeben. Auch auf die Seele wirkt der Mond in der Form ein, dass es leichter fällt, etwas loszulassen und freizugeben.

Wenn Operationen anstehen, sollten Sie diesen Zeitraum nutzen. Auch werden Warzen unter dem abnehmenden Mond besonders erfolgreich besprochen. Der nicht vorhandene Mond wird gewöhnlich **Neumond** genannt, doch sollte man unterscheiden, denn die völlig mondlose Nacht regiert der **Schwarzmond** – und die Magie. Der Neumond zeigt sich schon mit einer haardünnen Sichel am Himmel.

Vor allem der Schwarzmond verstärkt die Entgiftung und Entschlackung, wenn Sie einen Safttag einlegen wollen. Auf operative Eingriffe sollten Sie wie bei Vollmond auch verzichten. Wann Sie welche Magie auch immer betreiben möchten, vergessen Sie nicht, der Schwarzmond ist mächtig, er unterstützt die Kräfte zur Neuorientierung. Sie werden bis zum nächsten Vollmond, also 14 Tage lang, ohne Orientierung sein. Darum wird abgeraten, an diesem Tag zu zaubern.

Der **zunehmende Mond** unterstützt alles, was zunehmen soll. Natürlich auch das Gewicht. Aber gerade Vitamine und Anregungsmittel wirken jetzt besser, und Heilkräuter entfalten ihre Wirkung besonders gut. Allerdings kann der Körper auch mehr Wasser speichern, was manchmal zu unangenehmen Schwellungen führt. Dafür sind in dieser Phase die Selbstheilungskräfte besonders wirksam. Und was immer Sie magisch anziehen wollen, das unterstützt selbstverständlich der zunehmende Mond auch.

Und zuletzt noch ein ebenso alter wie wertvoller Ratschlag, den schon Hippokrates gegeben hat: »Berühre nicht mit dem Eisen den Teil des Körpers, der von dem Zeichen regiert wird, durch das der Mond zu dieser Zeit läuft.« Das heißt, dass Operationen (außer in Notfällen) an denjenigen Körperteilen vermieden werden sollten, die dem Sternzeichen zugeordnet sind, in dem der Mond gerade steht. Also beispielsweise keine Mandeloperation, wenn der Mond im Stier steht. Welche Körperteile zu welchem Zeichen gehören, konnten Sie bereits auf Seite 51 erfahren. In welchem Zeichen der Mond gerade steht, errechnet sich auch einfach. Der Schwarzmond steht immer in dem Zeichen, in dem auch die Sonne steht. Für jedes der zwölf Zeichen braucht der Mond etwa zweieinhalb Tage. Aber Sie können natürlich auch in Ihrem Mondkalender nachschauen.

Der kleine Rhythmus

Statistik ist eine feine Sache, um Regeln, Mustern und Rhythmen auf die Spur zu kommen. 1906 veröffentlichte der Berliner Arzt Wilhelm Fließ die erstaunliche Erkenntnis, dass der emotionale Zyklus der Frauen 28 Tage beträgt. Wenn ein männlicher Wissenschaftler so etwas verkündet, hat das natürlich ein ganz anderes Gewicht, als wenn Frauen auf ihren Körper hören und den natürlichen Bezug zu den Mondphasen feststellen. Immerhin machte die nachfolgende Untersuchung von Betriebsunfällen und Sterblichkeitswahrscheinlichkeiten auf zwei weitere Regelmäßigkeiten aufmerksam, die offensichtlich allen Menschen, und nicht nur den Frauen, gemeinsam ist. Heute werden die drei periodisch schwankenden Energiekurven Biorhythmus genannt. Und mit ihm kann man in etwa schon erkennen, wann ein Energieloch droht, wann die Neigung zu Unaufmerksamkeit oder Überempfindlichkeit verstärkt ist. Die Erkenntnisse aus diesen Rhythmen werden in manchen Ländern, z.B. in Japan und der Schweiz, verwendet, um Unfälle im Arbeitsleben zu verringern. Vor allem in Verkehrsbetrieben kann es von erheblicher Wichtigkeit sein, dass Fahrer und Piloten nicht gerade ihren »schlechten Tag« haben, wenn sie Hunderte von Menschen befördern.

Für jeden Einzelnen kann das Wissen um seine persönlichen Energieschwankungen, Bestzeiten und Krisenphasen ein wichtiges gesundheitliches Steuerungsmittel sein.

Hoch und Tief von Körper, Geist und Seele

Und das sind die drei wichtigen Komponenten, die den Biorhythmus ausmachen: Körper, Geist und Seele. Bezüglich dieser drei Komponenten spricht man auch gerne vom physischen, intellektuellen und emotionalen Zyklus.

Die am langsamsten schwingende Kurve ist die des Intellekts, der Verstandeskräfte. Sie haben alle 33 Tage wiederkehrende Höhen und Tiefen. Stellt man sich den Tag eins als den neutralen Ausgangspunkt vor, so steigt bis zum achten Tag die geistige Energie an. Man ist konzentriert, aufnahmefähig und lernbereit, ja, man kann sogar mehrere Dinge gleichzeitig in Angriff nehmen, und selbst für schwierige Probleme finden sich Lösungen.

Nach dem Höhepunkt fällt die Leistungskurve allerdings ab, und ein besonders kritischer Zeitpunkt ist der 17. bis 18. Tag, an dem sich die positiven Energien in den negativen Bereich begeben, und der 25. Tag, wenn der Tiefstpunkt erreicht ist. Geistesabwesenheit, Ausdrucksschwierigkeiten, Zerstreutheit überwiegen, und man sollte bei seinen Entscheidungen Vorsicht walten lassen. Dann aber geht es wieder aufwärts, und am 26. Tag steigen die geistigen Kräfte wieder an.

»In der ganzheitlichen Vorstellung würde man Gesundheit als Spiegelbild des gesamten Organismus sehen, also von Geist und Körper, und auch in ihrer Beziehung zum Umfeld des Organismus.«

Fritjof Capra

Die mittlere Kurve mit 28 Tagen, die eben nicht nur für Frauen gilt, sondern auch für Männer, betrifft die emotionale Stimmung.

	Körperlich	**Emotional**	**Geistig**
Aufsteigend	1.–5. Tag	1.–6. Tag	1.–7. Tag
Höchststand	6. Tag	7. Tag	8. Tag
Sinkend	7.–11. Tag	8.–13. Tag	9.–16. Tag
Kritisch	12. Tag	14. Tag	17. Tag
Sinkend	13.–17. Tag	15.–20. Tag	18.–25. Tag
Tiefstpunkt	18. Tag	21. Tag	26. Tag
Steigend	19.–22. Tag	22.–27. Tag	27.–32. Tag
Kritisch	23. Tag	28. Tag	33. Tag

Auch hier, beginnend mit dem ersten Tag, steigt sie bis zum siebten Tag an, was eine ausgeglichene, heitere Gemütslage bedeutet, in der man auch gefühlsmäßig sehr empfänglich ist.

Die folgenden 14 Tage, insbesondere der 14. und 21. Tag, machen anfällig für Stress und Anspannung; man ist reizbar, und überempfindlich, gelegentlich »ungenießbar« für die Umwelt. Man sollte sich möglichst zurückziehen, um Streit zu vermeiden, wenn man eine Neigung dazu hat. Die folgenden sieben Tage steigt der Zufriedenheitspegel jedoch wieder.

Den kürzesten Zyklus hat die den Körper betreffende Energiekurve. Ihre Phasen wiederholen sich alle 23 Tage. Vom ersten Tag an fühlt man sich körperlich fit und hat seinen Leistungshöhepunkt etwa am sechsten Tag.

Sollten Sie sportliche Aktivitäten aufnehmen wollen, ist das sicher der beste Termin. In den folgenden zwölf Tagen fällt die körperliche Energie dann allerdings wieder ab. Besonders kritisch sind hier der 12. und 18. Tag, denn hier mag die Reaktionsfähigkeit nicht so gut sein wie notwendig, und auf diese Weise können Unfälle passieren. Um den Tiefstpunkt herum kann man geradezu lethargisch werden. Sie ruhen an diesem Tag am besten einfach mal aus. Danach steigt die Energie nämlich wieder an, und Sie werden sich zum Bäumeausreißen in die Schlange anstellen müssen.

Praxis: Biorhythmus ausrechnen

Wenn man davon ausgeht, dass mit dem Tag der Geburt der persönliche Rhythmus beginnt, so ist es im Grunde sehr einfach, den jeweiligen Stand des körperlichen, emotionalen und geistigen Energieniveaus auszurechnen. Sie müssen nur ermitteln, wie viele Tage Sie schon gelebt haben. Ihr Alter multipliziert mit den 365 Tagen des Jahres zuzüglich der Anzahl der Schaltjahre, die ja einen Tag länger sind, und der Tage, die seit Ihrem letzten Geburtstag vergangen sind, ergibt die erstaunliche Summe Ihrer bisher erlebten Tage. Dividieren Sie dieses Ergebnis, um den Stand der körperlichen Leistungsfähigkeit zu ermitteln, durch die Zahl 23. Es wird wahrscheinlich eine Zahl mit einigen Stellen nach dem Komma herauskommen. Multiplizieren Sie die ganze Zahl mit 23, und ziehen Sie das Ergebnis von Ihren Lebenstagen ab. Die so ermittelte Zahl gibt an, an

Beispiel: geboren am 30.05.1969	
Aktuelles Datum: 12.07.2004	
Alter: 35 Jahre	35 x 365 = 12775
Schaltjahre davon 72, 76, 80, 84, 88, 92, 96 (2000 war kein Schaltjahr!), 2004 = 8	12775 + 8 = 12783
Tage seit Geburtstag: 31.05. bis 12.07. = 43	12783 + 43 = 12826
Physischer Zyklus = 23 Tage	12826 : 23 = 557,65
Als ganze Zahl ergibt sich 557	557 x 23 = 12811
Die Position auf der Energiekurve des Körpers liegt also bei	12826 – 12811 = 15

welchem Punkt des physischen Zyklus Sie sich befinden.

Der 15. Tag gehört zu der Phase, in der die Energie sinkt, wie Sie der Tabelle auf Seite 77 entnehmen können.

Zur Ermittlung der emotionalen und geistigen Position führen Sie die Rechnung mit 28 bzw. 33 Tagen durch.

Natürlich gibt es auch Programme, die Ihnen den Biorhythmus ausrechnen und schöne Kurven aufzeigen, aber mit der oben genannten Methode geht es auch. Es gibt aber noch eine zweite Form der Ermittlung, die Sie berücksichtigen sollten.

Und die beruht auf der Beobachtung Ihrer selbst. Wann fühlen Sie sich so richtig energiegeladen, kraftvoll und stark? Dieser Tag ist vermutlich der Höhepunkt Ihrer körperlichen Kurve. Wenn das nicht mit dem errechneten Tag zusammenfällt, muss das nicht unbedingt ein Rechenfehler sein. Beobachten Sie einfach weiter, ob sich dieses Gefühl in ungefähr 23 Tagen wiederholt. Beobachten Sie auch Ihre geistige und gefühlsmäßige Verfassung, und versuchen Sie, Ihren persönlichen Rhythmus herauszufinden und nach ihm zu leben.

Flow und die Weisheit des Körpers

Schwingung, kosmischer Rhythmus, vernetzte Energieströme, gemeinsame Erinnerungen – wir stehen im Austausch mit allem. Unser Problem ist nur, dass wir vor lauter Streben und Überleben den Blick dafür verlieren. Wir scheinen uns aus dem großen Netzwerk losgelöst zu haben, aus diesem vibrierenden Gewebe der Schöpfung; wir scheinen zu einem isolierten, kleinen Knoten geworden zu sein. Doch das ist nur eine Täuschung, eine eingeschränkte Wahrnehmung. Die große Idee ist weiterhin vorhanden, ob wir sie nun sehen oder nicht, die Kraft fließt, das Universum tanzt und wir mit ihm. Nur wenn wir glauben, dass wir darin wie ein Spielball der Götter willkürlich hin- und hergeworfen werden, dann sind wir in unserer Sicht der Dinge dem launischen Schicksal wirklich ausgeliefert, dann ist alles, was geschieht, sinnlos. Vor allem Krankheiten betrachten wir als sinnlose Belästigung unseres Daseins.

»Die Einheit, die auf den hohen Bewusstseinsebenen erscheint, wird zur Vielfalt, wenn sie auf die niedrigen Ebenen des Seins reflektiert wird.«

Stephen Arroyo

Medizin, Behandlung der Kranken, Heilung – alles das muss man unter dem Gesichtspunkt der Ganzheitlichkeit sehen, unter Berücksichtigung nicht nur der lästigen Symptome, sondern vor allem deren Ursprungs. Und der liegt eben nicht auf der molekularen Ebene verborgen, sondern im unerklärlichen Zusammenspiel vieler Kräfte. Darum steht die Heilkunst eng mit der Magie in Verbindung, und das, was den Weg aus der mechanistischen Schulmedizin weisen kann, ist eine »magische« Sichtweise.

Machen Sie sich doch einmal selbst bewusst, wie Sie zu Erkenntnissen kommen.

Ein Gorilla und die Stufen der Erkenntnis

Den ersten Kontakt mit der Außenwelt haben wir mit unseren Sinnesorganen. Wir nehmen die Welt um uns herum wahr, indem wir vor allem sehen, aber auch hören, fühlen, riechen, schmecken. Beschränken wir uns der Einfachheit halber auf die Augen. Wir sehen nicht alles, was um uns existiert, das ist die erste Einschränkung. Wir sehen nur das, worauf unser Blick fällt. Oder haben Sie jetzt gerade Ihren Fuß wahrgenommen? Oder die Deckenlampe? Oder den Baum vor dem Fenster? Die visuelle Wahrnehmung bezieht sich auf das, worauf wir unser Bewusstsein lenken. In diesem Fall die Buchstaben dieses Textes. Dass gerade ein Gorilla in den Raum tritt, sehen Sie im Moment nicht. Also ist bereits die erste Kontaktaufnahme mit der Welt selektiv.

Die zweite Stufe der Erkenntnis hat auch so ihre Tücken. Denn das, was wir sehen, müssen wir zuordnen, um etwas damit anfangen zu können. Vom ersten buchstäblichen »Augenblick« unseres Lebens an sortiert unser Verstand den aufgenommenen Bildern Bedeutungen zu, verknüpft sie mit anderen Erfahrungen, Gefühlen und Eindrücken und schafft sich so ein eigenes Netzwerk von Erklärungen. Gut, Sie haben also jetzt den Gorilla gesehen, der in den Raum getreten ist – wie ordnet Ihr Verstand ihn zu? Wenn es Ihr Junior im Karnevalskostüm ist, grinsen Sie vielleicht.

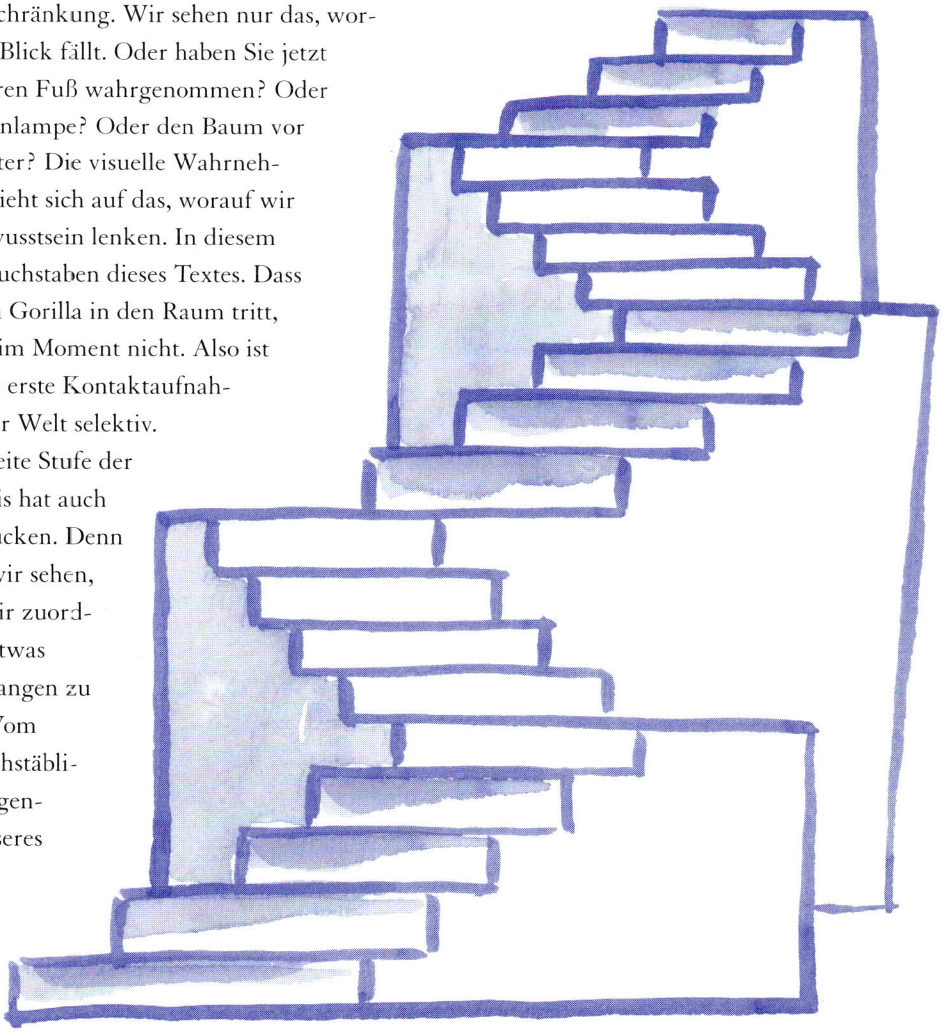

Wenn Ihnen bekannt ist, dass Ihr Nachbar sich irgendwelche exotischen Haustiere hält, begrüßen Sie den Affen, wie man eben ein zahmes Tier begrüßt. Wenn Sie aber noch nie einen Gorilla gesehen haben, was dann? Sie machen wahrscheinlich die Augen zu und fragen sich, was in dem Tee war, den sie eben getrunken haben. Das also heißt: Entweder können Sie sich sofort erklären, um was es sich handelt, oder Sie haben zumindest eine schlüssige Theorie davon, wie das Gesehene einzuordnen ist. Oder Sie verhalten sich so, wie Wilhelm Busch es treffend formulierte: »Denn, so schließt er messerscharf, dass nicht sein kann, was nicht sein darf!«

Nun kann man Gorillas nicht einfach ignorieren. Sie werden um Ihres eigenen Seelenfriedens wegen herausfinden wollen, was das Tier in Ihrer Wohnung zu suchen hat. Das können Sie mit Ihrem Verstand versuchen und auf diese Weise schon einiges erreichen. Als Erstes schlagen Sie im Tierlexikon nach und definieren das Geschöpf als Gorilla, Menschenaffe aus Afrika. Wahrscheinlich wird Ihnen in diesem Fall ein Zoo oder ein Zirkus einfallen. Sie werden ein wenig herumtelefonieren und feststellen, von wo der Affe ausgerissen ist. Aber um herauszufinden, was ihn dazu treibt, sich gerade auf Ihrem Sofa herumzulümmeln, brauchen Sie ganz einfach Ihre Intuition. Sie sehen dem Tier tief in die Augen und erkennen ganz plötzlich, dass es sein inniger Wunsch nach menschlicher Wärme ist.

Gut, der Gorilla ist ein recht ausgefallenes Beispiel. Aber gesetzt den Fall, Sie entwickeln ein Krankheitssymptom. Ist dann die Abfolge der Erkenntnis nicht dieselbe? Erst einmal müssen Sie es überhaupt wahrnehmen. Erstaunlich viele Symptome kann man ignorieren, weil beispielsweise andere Dinge im Augenblick wichtiger sind als der herannahende Schnupfen oder weil man das Ziehen im linken Arm einfach nicht wahrhaben will. Wenn Sie jedoch ein Anzeichen spüren, werden Sie es einordnen wollen. Und das kann heißen: »Ach ja, bei Wetterwechsel zieht es immer im Gelenk.« Oder Sie kennen das Symptom nicht. Und dann gibt es zwei Wege herauszufinden, woher es kommt und was es zu bedeuten hat. Mit dem Verstand, also mit der analytischen Diagnose, kommt man im Rahmen dessen, was bisher vom Menschen bekannt und wissenschaftlich anerkannt ist, zu bestimmten Aussagen. Die Einschränkung liegt jedoch in den Grenzen des Fachwissens. Mit der Intuition aber, dem Erspüren der großen Zusammenhänge von Rhythmen, Energieströmen und alten, tief in uns eingebetteten Erinnerungen, kann man letztendlich mehr erkennen und bewirken. Man ist nicht nur in der Lage, das Symptom zu beheben, sondern auch an den Ursachen zu arbeiten. Voraussetzung dazu ist, dass wir ein Weltbild entwickeln, in dem der Glaube daran gefestigt ist, dass der Kosmos sich im Menschen widerspiegelt.

Richtig oder falsch, wahr oder Aberglaube?

Ob Sie sich dazu in einem der vorgestellten magischen Weltbilder der Vergangenheit wiederfinden oder nicht, weiß ich natürlich nicht. Aber ein Bild von der Welt hat sich jeder von uns gemacht. Es setzt sich, wie wir gesehen haben, zusammen aus den Wahrnehmungen, die uns seit unserer Kindheit begleiten, den Glaubensinhalten und Werten, die uns vermittelt wurden, Wissen, Erfahrungen und Erkenntnissen, die wir auf dem schwierigen Weg zum Erwachsenwerden gefunden haben – all den Dingen, die uns wichtig und lebensnotwendig erscheinen und die unsere Persönlichkeit formen. Weltbilder sind das Gerüst, in dem wir leben und anhand dessen wir das, was auf uns zukommt, einordnen. Es gibt in unserem persönlichen Weltbild sozusagen Schubladen mit den Aufschriften: »bedeutungsvoll«, »gefährlich«, »ganz unnötig«, »heilsam« oder auch »krank machend«.

Unterhalten sich zwei Menschen über den Inhalt dieser Schubladen, so kann es zu Übereinstimmungen kommen. Muss es aber nicht. Viel häufiger gibt es Differenzen, und wenn es sich um zwei streitsüchtige Zeitgenossen handelt, dann wird es zu einer heftigen Diskussion über Sinn oder Unsinn, Wahrheit oder Aberglauben, richtige oder falsche Auffassungen kommen. Und das sollte Ihnen helfen, darüber nachzudenken, was denn nun die Wahrheit ist. Vor allem, wenn es darum geht, über Krankheit, Heilung und Gesundheit zu befinden.

Der große Konflikt, der sich derzeit vor unseren Augen abspielt, ist der der Schulmedizin gegenüber allen Arten der ganzheitlichen Heilmethoden. Vereinfacht gesagt geht es dabei zum einen um ein Weltbild, das den Körper als seelenlose Maschine betrachtet, die mittels mechanischer oder chemischer Mittel gewartet und repariert werden kann, und zum anderen um jenes Weltbild, das den Menschen als Einheit von Materie und Geist sieht und davon ausgeht, dass sich beide unablässig gegenseitig beeinflussen und den Menschen als Ganzes entweder krank machen oder heilen.

Wenn Sie der naturwissenschaftlichen Denkweise sehr nahe stehen, werden Sie Letzteres vermutlich ablehnen und dem Bereich des Aberglaubens zuordnen. Wenn Sie andererseits dem magischen, dem ganzheitlichen Denken sehr stark verhaftet sind, werden Sie Ihr Heil ausschließlich im Glauben suchen und dabei gegebenenfalls die wirklich lebensrettenden Methoden der medizinischen Technik ablehnen. Beides kann durchaus fatal sein.

Um ein Leben in Gesundheit zu führen, müssen wir beides miteinander verknüpfen. Eine heftige Blutung, eine akute Blinddarmentzündung, eine vereiterte Zahnwurzel kann man nicht mit positivem Denken heilen. Aber das Immunsystem kann man damit durchaus beeinflussen.

Ob bei Ihnen imaginierte Symbole und magische Handlungsweisen zu Gesundheit und Heilsein führen, hängt natürlich davon ab, wie offen Sie ihnen gegenüberstehen. Auch die magischen Heilkünste sind kein absolut den Erfolg garantierendes System. Aus jahrtausendelanger Erfahrung haben sich allerdings bestimmte Methoden entwickelt, die heutzutage zunehmend ernster genommen werden. Und was davon wahr ist oder nicht, das hängt von Ihnen selbst ab. Denn wahr ist grundsätzlich das, was wir mit unserem Bewusstsein wahrnehmen.

Heilende Handlungen

Zur Ruhe kommen, den Atem absichtsvoll fließen lassen, die eigenen Kräfte und die helfenden Energien der Welt aufspüren – das kann ein erster Schritt zur Selbstheilung sein. Es gibt einfache Hilfsmittel, um dies zu erreichen.

Atmen und Pendeln

»Wohlangebrachte Trostworte verwandeln sich in Arzneien, und alles, was die Seele aufrichtet, stärkt den Körper.«

Seneca

Um mit den inneren Kräften – vornehmlich sprechen wir hier von den Heilkräften, dem inneren Arzt – in Kontakt zu treten, hat die Magie schon immer bestimmte Methoden angewandt und Hilfsmittel eingesetzt. Um die universalen, göttlichen Energien zu nutzen, kennt man in der Magie ebenfalls eine Reihe unterstützender Maßnahmen und Mittel. Und wenn Sie sich in Ihrem Leben und in Ihrer Umgebung umschauen, werden Sie feststellen, dass Sie sich ihrer ebenfalls bedienen, wenn auch meistens nicht in dem bewussten Maße, wie man es tun muss, um eine größtmögliche Wirkung zu erzielen.

So dient z. B. nicht jede Dusche der energetischen Reinigung, und dennoch wissen Sie sicher ganz genau, dass man sich nach einer gründlichen körperlichen Säuberung auch geistig erfrischt fühlt, oder dass man nach manchen belastenden Situationen das dringende Bedürfnis hat, sich zu waschen. Desgleichen verwenden wir auch sehr oft Symbole, entweder um etwas auszudrücken, mit dem wir uns identifizieren, oder indem wir einen bestimmten Bezug zu einem Glaubensinhalt darstellen wollen. Manchmal benutzen wir sie auch einfach, um uns an etwas zu erinnern oder eine Stimmung zu erzeugen. Sofern wir Symbole vor allem wissentlich und absichtsvoll einsetzen, entfalten sie eine erstaunlich große Wirkung, da sie nicht nur an der Oberfläche wirken, sondern durch die ihnen innewohnende Vielschichtigkeit alle Ebenen, auch die unbewussten und vorbewussten, ansprechen und die jeweiligen Inhalte dort aktivieren.

Der Umgang mit den magischen Kräften setzt eine ganz bestimmte Arbeitsweise voraus, die praktisch bei jeder der folgenden ganzheitlichen und/oder alternativen Heilmethoden zum Einsatz kommt. Und diese Methoden sollten Sie, nicht nur zugunsten Ihrer Gesundheit, sondern auch für viele andere Zwecke erlernen. Es sind die Techniken der Entspannung und Visualisierung.

Wie positiv Entspannung wirkt, wissen Sie sicherlich schon aus vielerlei Erfahrung. Wie man dabei heilende Bilder und Szenen vor dem inneren Auge entstehen lassen kann, wird Ihnen auf den folgenden Seiten detailliert beschrieben.

Luft ist Leben

Es gibt eine ganze Reihe Techniken zur Entspannung. Jeder Mensch entwickelt so seine eigenen Methoden, um zur Ruhe zu kommen. Oft sind sie allerdings einfach nur Ablenkung oder Betäubung. Natürlich kann das Fernsehen die geistigen Belastungen und den Stress des Tages vergessen machen, auch Alkohol lässt in Maßen Abstand gewinnen, Geselligkeit, Sport und Bewegung tun das ebenfalls. Der Mensch ist jedoch darüberhinaus durchaus in der Lage, in sich selbst Ruhe zu finden, und das zu jeder beliebigen Zeit und ohne ablenkende Hilfsmittel.

»Atmung ist unser Austausch mit dem Kosmos.«

Bernd Dost

Die wirklich einfachste Art liegt sehr nahe. Kommen Sie erst einmal zu Atem! Und das bedeutet: Schließen Sie die Augen, und atmen Sie. Achten Sie auf nichts anderes als auf Ihren Atem. Luft ist Leben. Wenn wir aufhören zu atmen, haben wir den letzten Hauch getan. Atmen ist so wichtig und uns doch so wenig bewusst. Unser Körper regelt die Atmung ohne unser Zutun. Wenn wir völlig entspannt sind, wie etwa im Schlaf, dann ist unser Atem tief und ruhig, wenn wir aufgeregt sind, ist er flach und hektisch, wenn wir uns übermäßig anstrengen mussten, geht er pfeifend, wenn wir entsetzt sind, halten wir die Luft an. Löst sich dann aber die Spannung, entfleucht uns ein langer Seufzer.

Atem passt sich an die geistige und körperliche Belastung an. Und umgekehrt kann man mit bewusstem Atmen die Spannung in Körper und Geist regulieren. Je tiefer die Luft in den Körper eindringt, desto besser gelingt es dem Geist, ruhig zu werden.

Atemstörungen machen sich äußerst unangenehm bemerkbar, das stellen Sie schon bei einem einfachen Schnupfen fest. Husten und Bronchitis, noch schlimmer aber Asthma, lassen das freie Atmen nicht zu, und in diesen Fällen wird dem Betroffenen sehr bewusst, wie sehr er die Luft zum Leben braucht. Bei krankhaften Atemstörungen sollte man sich also auch immer fragen, welche Lebenssituation einem den Atem abschnürt, denn das Symptom hat auch immer eine tiefere Ursache, die vielfach mit einer inneren Anspannung zusammenhängt. Dieser Anspannung kann im Vorfeld jedoch häufig durch gezielte Entspannung entgegengewirkt werden.

Praxis: Entspannung und Atmung

Versuchen Sie folgende Übung: Legen Sie sich auf den Rücken, die Hände auf dem Bauch unterhalb des Nabels platziert, dass sich die Fingerspitzen berühren. Atmen Sie jetzt so tief ein, dass sich der Bauch wölbt und sich die Fingerspitzen voneinander entfernen. Halten Sie die Luft einen Moment an, und atmen Sie dann langsam und vollständig aus, so dass sich die Fingerspitzen auf Ihrem Bauch wieder berühren. Wiederholen Sie diese Übung fünf Atemzüge lang. Der Unterschied zur üblichen Atmung liegt darin, dass Sie das Zwerchfell hierbei mit entspannen, was das Gefühl des Loslassens bewirkt.

eingesetzt. So arbeiten viele Meditationstechniken mit bestimmten Atemmustern, um den Zugang zu den anderen Welten herzustellen. Diese Techniken sind zwar weitgehend unschädlich, bedürfen aber der Übung und sollten nicht leichtfertig im Selbstversuch unternommen werden. Die körperlichen Auswirkungen wie Schwindelgefühl und Herzrasen können sich nämlich äußerst schädlich auswirken, und die dabei aus dem Unbewussten auftauchenden Bilder werden Sie dabei vielleicht geradezu überwältigen.

Eine kleine Warnung: Allzu lange sollten Sie ohne fachkundige Betreuung nicht derart tief atmen. Der Atem kann unter gewissen Umständen auch eine Droge sein und zu veränderten Bewusstseinszuständen führen. Der LSD-Forscher Stanislav Grof hat eine Therapie entwickelt, die auf der Hyperventilation basiert. Sie nennt sich *Holotropes Atmen* und wird bei spirituellen und existenziellen Krisen

Praxis: Vorstellungskraft und Atem

Lassen Sie sich durch diese Warnung trotzdem nicht davon abhalten, immer mal wieder einige Male richtig durchzuschnaufen. Sie können dieses tiefe Atmen sowohl im Sitzen als auch im Stehen durchführen. Es empfiehlt sich vor allem in stressigen Situationen, bei Ärger und Angst, ein paar Mal ganz bewusst auf diese Weise ein- und auszuatmen.

Doch noch wirkungsvoller wird dieses Luftholen, wenn man es mit einer Vorstellung verbindet. Luft ist lebensnotwendig, und sie ist auch das Sinnbild des Lebens, der göttliche Hauch, die Lebenskraft. Unser Atem fließt, strömt ein und aus und transportiert dabei ganz nachweisbar Schadstoffe aus dem Körper hinaus und Energie hinein.

Und so stellen Sie sich als nächste Stufe der Atemübung am besten vor, dass beim tiefen Einatmen in den Bauch hinein ein Strom heilsamer Energie fließt. Während Sie die Luft anhalten, füllt diese Energie Ihren gesamten Körper. Die Luft, die Sie ausatmen, führt dann alles das mit, was Sie loswerden wollen. Um sich dieser Übung deutlich bewusst zu werden, sagen Sie sich in Gedanken beim Einatmen: »Ich atme Lebenskraft und Energie ein, die mich stärkt und heilt.« Und beim Ausatmen sprechen Sie die Worte: »Ich atme aus, was mich belastet. Was mich krank macht, geht hinaus.« Denken Sie daran: Wahr ist, was wir uns bewusst machen.

Praxis: Heilende Laute

Die Luft, die wir atmen, verwenden wir auch, um Laute zu formen. Ohne Luft keine Sprache! Die ausgestoßene Luft versetzt die Stimmbänder in Schwingung, der Brustkorb ist der Resonanzkörper. Und damit versetzt jedes Wort, das wir sprechen, den gesamten Körper in Schwingung. Die Macht des Wortes ist magisch. Sie wirkt auf den, der spricht, sie wirkt auf die umgebende Luft, die die Schallwellen transportiert, und sie wirkt auf die Person, auf die sie gerichtet ist. Nicht nur der Inhalt der Worte löst Reaktionen aus, sondern sogar schon die unartikulierten Laute. Ein Schrei, das Weinen eines Kindes, ein fröhliches Lachen, ein drohendes Brummen, das Flöten einer Amsel – alles das sind Geräusche, die sogar meist schnell und heftig Gefühle wecken. Eine magische Technik, die hilft, die psychischen Abwehrkräfte zu stärken und sich mit dem kosmischen Energiefluss zu verbinden, arbeitet mit den Lauten I, E, A, O und U.

- Stellen Sie sich aufrecht hin, so dass Sie sich stabil und fest mit dem Boden verbunden fühlen, und atmen Sie tief ein.
- Atmen Sie langsam aus, und halten Sie dabei den Vokal »I« als hoch angestimmten »iiiiih«-Laut aufrecht. Stellen Sie sich dabei ein strahlendes Leuchten der Energie in der Kopfregion vor.
- Atmen Sie vollständig ein. Beim Ausatmen lassen Sie einen tiefer angesetzten »eeeeeh«-Laut erklingen, wobei Sie sich ein strahlendes Leuchten in der Halsgegend vorstellen.
- Atmen Sie vollständig ein. Atmen Sie dann aus, und halten Sie dabei ein noch etwas tieferes »aaaaah« aufrecht. Das strahlende Leuchten umgibt nun Ihr Herz und Ihre Lungen.
- Atmen Sie wieder ein. Dann atmen Sie mit einem noch tieferen »oooooh« aus der Bauchregion aus, wo auch das Leuchten erscheint.
- Atmen Sie tief ein, und brummen Sie jetzt ein ganz tiefes »uuuuur« aus der Genitalgegend.
- Wiederholen Sie die Laute in umgekehrter Reihenfolge, um sich wieder zum Kopf emporzuarbeiten.

Hinweis Atemtherapien gehören zu allen Entspannungstechniken dazu, bilden aber auch ein eigenständiges Gebiet. Holotropes Atmen ist eine Therapie aus der transpersonalen Psychologie, und Mantras sind Bestandteil vieler Meditationsmethoden.

Das innere Auge

Entspannung hat nicht nur eine körperliche Komponente, sie macht auch den Geist von den alltäglichen Eindrücken frei und damit bereit, sich auf andere Gebiete zu begeben. Das Visualisieren, sich die inneren Bilder anschauen, ist eine der uralten magisch-religiösen Praktiken und gleichzeitig ein ganz normales Verhalten. Wir visualisieren ständig, auch wenn wir es nicht bewusst tun. Es sind unsere Vorstellungen. Wenn Sie z. B. gerade gern essen möchten. Worauf haben Sie im Augenblick Appetit? Sehen Sie es vor sich? Riechen Sie es? Schmecken Sie es schon? Läuft Ihnen nicht vielleicht schon das Wasser im Mund zusammen?

»Irgendwo weiß man ja zuunterst in der Seele meistens schon, wohin es geht, aber sehr oft macht der Hanswurst, den wir Ich nennen, einen solchen Lärm, dass die innere Stimme nicht hörbar ist.«

Marie-Luise von Franz

Diese Reaktion, die Anregung des Speichelflusses, zeigt Ihnen, wie sehr die inneren Bilder den Körper beeinflussen. Mit der Vorstellungskraft und der Technik des Visualisierens kann man heilen, wenn man es willentlich, wissentlich und gesteuert absichtsvoll macht.

Willentlich Das heißt, man lässt es nicht einfach geschehen, sondern man weiß um diesen Zustand, und auch, was man sehen möchte. Man begibt sich ganz bewusst mit einem Ziel auf die Reise in die eigenen inneren Welten.

Wissentlich Man weiß, wonach man Ausschau zu halten hat. Nicht irgendwelche Bilder werden erlebt, sondern diejenigen vertieft, die dem Ziel dienen.

Gesteuert absichtsvoll Die Absicht ist es, die herausfiltert, was dem Ziel dient, und das verlangt Konzentration. Es mag sich paradox anhören, aber Visualisieren ist geistige Konzentration in einem äußerst entspannten Zustand, vergleichbar mit dem Träumen.

Die magische Erdung, das Kraftschöpfen aus den Wurzeln, ist eine kleine, kompakte Übung von großem Nutzen, die eine Atemübung mit einer einfachen Visualisierung verbindet.

Erdung – Kraft aus den Wurzeln

Am besten ziehen Sie die Schuhe aus und nehmen gefühlten Kontakt mit dem Boden auf. Die Übung funktioniert im Keller genauso wie im 30. Stockwerk, aber wenn Sie ein wirklich erdhaftes Aha-Erlebnis haben wollen, dann führen Sie sie auf einer Wiese, dem Waldboden, am Strand oder auf einem Felsen durch.

- Stellen Sie sich mit leicht gebeugten Knien so hin, dass Sie Ihren Schwerpunkt unterhalb des Bauchnabels sicher spüren. Sie brauchen einen festen Stand, aus dem Sie nichts umwerfen kann.
- Heben Sie ein wenig die Brust an, lassen Sie Ihre Schultern nach hinten unten fallen, und heben Sie das Kinn ein wenig, so dass Sie

richtig aufrecht stehen. Sie fühlen sich auf diese Weise schon größer und kraftvoller.

- Schließen Sie nun die Augen, und atmen Sie einige Male tief ein. Und dann werden Sie zum Baum. Sie fühlen, wie die Wurzeln aus Ihren Füßen sich in das Erdreich graben und dort nach den Nahrungsquellen von Mutter Erde suchen. Die Erde wurde lange Zeit als machtvolle Göttin, als Spenderin des Lebens verehrt. Auch wenn wir diese Verehrung aufgegeben haben, ist sie nicht machtlos geworden. Sie gibt noch immer von ihrer Kraft, wenn wir sie benötigen.
- Visualisieren Sie den Strom der Energie, der durch Ihre Beine aufsteigt, sich in Ihrem Becken sammelt und Sie schwer macht, der aufsteigt über den Solarplexus und das Herz erfüllt. Der über die Kehle zu Ihrem Kopf empordringt, hinter Ihrer Stirn ruht und zum Scheitel wandert.
- Heben Sie langsam die Arme weit nach oben, die Handflächen zum Himmel geöffnet, wie ein Baum seine Krone ausbreitet. So verbinden Sie Himmel und Erde mit dem Strom der Energie, der Sie durchfließt.
- Wenn Sie die Übung beenden möchten, senken Sie langsam die Arme. Stellen Sie sich vor, wie sich die Wurzeln aus Ihren Füßen zurückziehen. Stampfen Sie ruhig ein paar Mal auf, und öffnen Sie wieder die Augen. Was immer Sie jetzt in Angriff nehmen, werden Sie mit neuer Kraft beginnen.

Übung: Reise ins Innere des Körpers

Wissentliches Visualisieren setzt Wissen voraus. Will man mit der Technik des Visualisierens die Heilkräfte aktivieren, muss man sich, um wirklich wirkungsvoll arbeiten zu können, mit dem Körper vertraut machen. Es gibt ausgezeichnete Anatomiebücher, aber auch Darstellungen von Organen, auch die Beschreibung von Zellaufbau und Funktionsweise, Kreislauf und Stoffwechsel sind nützlich, je nachdem, was man erreichen möchte. Sie benötigen keine hochwissenschaftlichen Beschreibungen, viel besser sind anschauliche Erklärungen, möglichst mit Bildern, und bildhafte Vergleiche.

Mit Formeln kann Ihr Unbewusstes nur sehr wenig anfangen. Es macht letztlich auch äußerst wenig Sinn, sich Beschreibungen krankhafter Veränderungen oder gar Bilder von krankheitsbefallenen Körperteilen zu widmen. Vielmehr sollten Sie sich vor allem die gesunde, lebensvolle Darstellung des Körpers zu Eigen machen. Denn Heilung ist die Erinnerung an die heile Form, und das ist es ja, was Sie sich wünschen.

Dass das Visualisieren der körpereigenen Abwehrmechanismen zur Erhöhung der Leukozyten führt, ist nachgewiesen. Besondere Beachtung haben die Heilungserfolge des amerikanischen Arztes Karl Simonton gefunden, der Krebstherapien durch die Techniken von Entspannung und Visualisierung ergänzte.

Die Reise in den Körper, zu jener Stelle oder in das System, das geheilt werden soll, ist eine Trancereise. Und darum bedarf sie auch des einbindenden Rituals, so wie es auf Seite 69f. beschrieben ist.

Hinweis Aktives und kreatives Visualisieren und die Imagination werden in vielen Therapien noch nicht eingesetzt, am ehesten kommen die Synergetik-Therapie und Traumarbeit dem nahe. NLP geht zwar den Weg über die Konditionierung des Unbewussten, jedoch nicht mit den eigenen Bildern. Andererseits ist die Vorstellung, dass man geheilt werden kann, einer der stärksten Antriebe, den der Mensch hat, und jeder gute Arzt oder Heiler weckt dieses Bild bei seinem Patienten.

Alles schwingt, auch das Pendel

Im Zustand der Entspannung werden wir unserer Innenwelt gewahr, der Luft- und Energieströme, dem Körperinnern, dem Inneren des Bewusstseins. Viele Antworten sind dort zu finden, viele Schlüssel zu Problemen und Krankheiten, aber auch viele geheimnisvolle Kräfte, die noch genutzt werden können. Wir werden sie wohl nie alle ausloten können, aber es ist es wert, sich mit ihnen zu befassen. Ein Weg, wie man zu ihnen gelangt, sind die Träume und Visionen, ein anderer, sehr pragmatischer Weg ist die Benutzung eines kleinen, unscheinbaren Werkzeugs – des Pendels. Mit einer Einschränkung allerdings – mit ihm erhält man nur einfache Antworten auf einfache Fragen.

Pendeln zu können ist keine mystische Begabung. Jeder, der sich ungezwungen mit einem Pendel beschäftigt, kann nach kurzer Zeit Ergebnisse erzielen. Ein Pendel ist auch kein magischer oder heiliger Gegenstand, sondern eben ein Werkzeug. Jeder Haustürschlüssel an einem Faden kann als Pendel dienen, sofern er symmetrisch geformt ist. Genauer allerdings sind professionell geformte Pendel mit einem handlichen Gewicht und vor allem einer Spitze, die deutlich auf die Antwort verweist. Die Pendelbewegung selbst allerdings ist keine bewusste Handlung, sondern wird durch Mikrobewegungen der Fingermuskulatur hervorgerufen, die nicht willkürlich gesteuert werden. Die unbewussten Kräfte sind dafür zuständig. Das Pendel übersetzt dabei Informationen aus dem Unbewussten.

Es sind drei Bereiche, aus denen Sie schöpfen können. Einmal sind es Erinnerungen an Erlebnisse, Erfahrungen und Wissen, die Ihnen einmal bewusst waren und nun ins Vergessen gesunken sind. Hier könnten Sie z. B. auf alte seelische Verletzungen, verdrängte Schmerzen oder Schuldgefühle stoßen, die sich jetzt ihren Weg über körperliche Symptome gebahnt haben und zur Erkrankung führten.

Das zweite Gebiet betrifft Wahrnehmungen, die unbewusst abgelaufen sind oder ablaufen, weil sie aus verschiedensten Gründen von unserem Bewusstsein herausgefiltert oder nicht über die bekannten Sinnesorgane aufgenommen wurden. Das ist nützlich, wenn man z. B. die Schwingungen eines Ortes aufnehmen will oder etwa prüfen möchte, wie Nahrungsmittel oder Heilmittel wirken, ob sie nützlich oder vielleicht eher schädlich sind.

Der dritte Bereich ist etwas mystisch, denn er betrifft die Botschaften Ihres Selbst, die Ihnen Hinweise und Erklärungen zu Ihren Motivationen und Gefühlen geben und letztendlich zur Selbstfindung und Heilung beitragen.

Mehr allerdings kann das Pendel nicht, denn es kann nur das wiedergeben, was auch vorhanden ist. Darum ist es unsinnig, ihm

Fragen über die Zukunft zu stellen. Dazu verwendet man Orakel wie Tarot, I-Ging oder Runen, die vom »Zufall« bestimmt werden.

Der richtige Umgang mit dem Pendel

Nutzen Sie das Pendel, wenn Sie wichtige Fragen haben, doch vermeiden Sie bitte, davon abhängig zu werden. Ihr inneres Kind ist ein sehr guter Ratgeber, doch Sie selbst haben ebenfalls eine beträchtliche Kompetenz darin, Ihr Leben im Tagesbewusstsein zu meistern. Die Entscheidung beispielsweise, mit wem Sie morgen essen gehen sollen, welchen Film Sie sich ansehen, wohin Sie in Urlaub fahren usw., können Sie durchaus auch ohne Pendel treffen.

Die Fähigkeit, richtige und gute Antworten durch das Pendel zu erhalten, hängt wesentlich von der Dringlichkeit der Frage ab. Es scheint, dass das Unbewusste eng mit dem Überlebensinstinkt verknüpft ist. Z.B. Wasser zu finden kann zu einer Frage auf Leben und Tod werden, weshalb hier das Unbewusste überraschend leicht und bei fast jedem Menschen mitspielt, wenn es notwendig wird.

Vermisste wieder zu finden, dringend erforderliches Wissen zu Tage zu fördern, nach seelischen Krankheitsursachen zu fahnden oder die Wurzel eines Konfliktes aufzudecken kann selbstverständlich ebenso (überlebens-)wichtig sein. Vertrauen Sie darauf, dass Sie eine Antwort bekommen, wenn Sie korrekt und unverkrampft Ihre Fragen stellen. Wenn Sie allerdings zur Belustigung anderer diese Fähigkeiten einsetzen oder gar sich damit hervortun wollen, dann stumpft dieser neu entwickelte Sinn sehr schnell ab.

Praxis: Einfache Pendelübung

Damit Sie ein Gefühl für die Wirkung eines Pendels bekommen, führen Sie ein Energieexperiment durch. Sie benötigen dazu ein Pendel und eine Batterie.

- Nehmen Sie Ihr Pendel zur Hand. Dabei sollten Sie das Band oder die Kette, an dem es hängt, zwischen Zeigefinger und Daumen halten, so dass es in alle Richtungen frei schwingen kann. Sie können den Arm dabei ruhig aufstützen, damit das Pendel wirklich ruhig hängt.
- Legen Sie dann die Batterie vor sich auf den Tisch, und halten Sie die Pendelspitze über den Minuspol. Entspannen Sie sich dabei, und beobachten Sie, welche Bewegung es macht.
- Dann nehmen Sie die Batterie fort und lassen das Pendel wieder in die Ruheposition kommen.
- Prüfen Sie als Nächstes, welche Bewegung es ausführt, wenn die Spitze über dem Pluspol hängt. Auf diese Weise haben Sie zum einen den handfesten Beweis, dass Sie pendeln können, und zum anderen wissen Sie nun die einfachste Pendelaussage zu deuten.

Die erste Bewegung bedeutet negativ oder nein, die zweite positiv oder ja. Welche Bewegungen das jedoch sind, ist bei jedem Menschen unterschiedlich. Mal sind es Kreise, rechts oder links herum, mal waagerechte oder senkrechte lineare Schwingungen oder irgendeine Diagonalbewegung.

Notieren Sie Ihr Ergebnis, Sie werden es noch benötigen. Nämlich immer dann, wenn Sie dem Pendel eine Frage stellen, die mit einem einfachen Ja oder Nein zu beantworten ist.

Die Strahlen der Erde

Die zweite Einsatzmöglichkeit des Pendels ist, wie wir gesehen haben, sich jene Energien und Schwingungen anzeigen zu lassen, die wir nicht bewusst wahrnehmen. Allerlei unsichtbare Schwingungen umgeben uns, angefangen von Radiowellen, magnetischen und elektromagnetischen Feldern oder Erdstrahlungen. Die Pendeltechnik und auch das Wünschelrutengehen sind altbekannte und verlässliche Techniken, um lebenswichtiges Wasser zu finden. Wasseradern und Wasserreservoirs in der Erde strahlen eine Energie aus, die unser Unbewusstes zu erkennen versteht.

Die Kenntnis von Wasserverläufen kann in zweifacher Weise wichtig sein, wenn man eine Quelle sucht, aber auch, um Strahlungsfelder im Haus, insbesondere in den Schlafräumen, aufzudecken. Zwar leben wir hierzulande in Häusern, die an das Netz der Wasserversorgung angeschlossen sind, und so müssen wir nicht mehr nach Wasser suchen; aber gehen Sie dennoch einmal mit dem Pendel durch Haus und Garten, mit der Absicht, sich den Verlauf von Versorgungsleitungen und Abwasserkanälen anzeigen zu lassen.

Strahlungen, die durch unterirdische Wasserläufe oder Verwerfungen, Erdspalten oder Anomalien des terrestrischen Magnetfeldes ausgehen, stehen in dem Ruf, schädliche Auswirkungen zu haben, und werden oft als Störfelder bezeichnet. Doch das darf man in dieser Form nicht verallgemeinern. Es gibt Strahlungen, die anregen, und solche, die beruhigen. Es ist einfach eine Frage, wann und wo sich das günstig oder ungünstig auswirkt. Ein geübter Radiästhet kann Ihnen mit Sicherheit sagen, ob sich etwa Ihr Bett an einem günstigen, beruhigenden Platz befindet oder ob vielleicht das Verschieben in eine andere Ecke des Raumes einen erholsameren Schlaf gewährleistet.

Wenn auch die Erdströme einen gewissen Einfluss auf den Körper haben, sollten Sie diese Strahlung trotzdem nicht überbewerten. Sie haben im Zweifelsfall selbst viel stärkere Ströme in Ihr Schlafzimmer gebracht. Denn auch Elektrogeräte können sich auf die Gesundheit auswirken. Darum sollten Sie darauf achten, dass im Schlafraum so wenig wie möglich Strom fließt. Es macht wenig Sinn, sich nach Erdstrahlen zu richten und beispielsweise zur gleichen Zeit ein Fernsehgerät im Schlafzimmer zu haben.

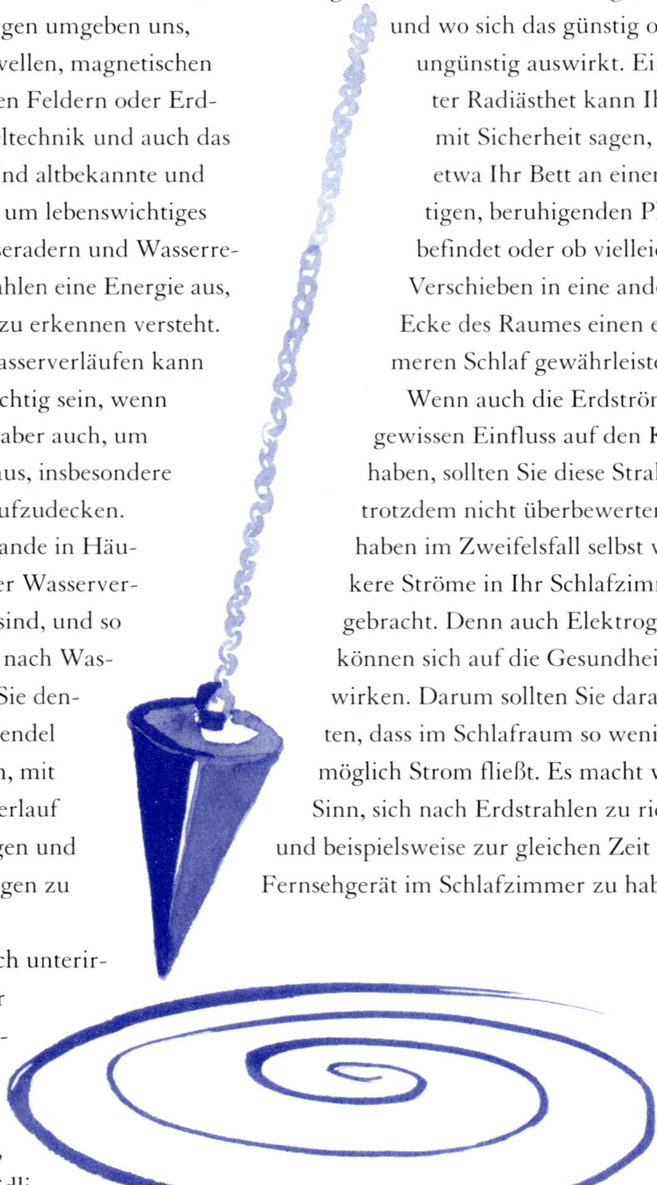

Praxis: Heilmittel auspendeln

Das unbewusste Wissen darüber, was gut tut und was nicht, können Sie mit dem Pendel auch an die Oberfläche holen. Es gibt zwei Methoden dazu: Man kann mit so genannten Pendelkarten arbeiten oder mit konkreten Stoffmustern. Wenn Sie mit dem Pendel noch nicht sehr vertraut sind, sollten Sie auf jeden Fall mit den Stoffen selbst arbeiten. Mit Pendelkarten kann man sich nämlich wunderbar selbst betrügen.

»An den Grenzen der Logik hört zwar die Wissenschaft auf, nicht aber die Natur, die auch dort blüht, wohin noch keine Theorie gedrungen ist.«

C.G. Jung

Auf diesen Karten sind meist im Kreis oder Halbkreis angeordnete Diagramme, die in Segmente unterteilt sind. Sie dienen als Antwortraster. In jedem Segment steht ein Begriff zu einem Thema. Eine Karte kann beispielsweise homöopathische Heilmittel aufzählen. Mit Ihrer konkreten Frage nach dem richtigen Mittel gegen Ihre Beschwerden könnten Sie über den Ausschlag des Pendels herausfinden, welches infrage kommt. Aber dazu muss man sich schon recht gut mit der Homöopathie auskennen. Sie erinnern sich: Was man nicht irgendwann einmal gewusst hat, kann auch das Pendel nicht hervorzaubern.

Mit einer Stoffprobe ist es einfacher. Geht man davon aus, dass alles seine eigene Schwingung ausstrahlt, dann findet Ihr Unbewusstes Zugang dazu und kann demzufolge sehr viel leichter eine Aussage machen. Wenn Sie also wissen wollen, welche Kräuter, welcher Tee, welche Bach-Büten-Tropfen für Sie infrage kommen, dann nehmen Sie ein Fläschchen oder eine Probe davon in die eine Hand, und mit der anderen halten Sie das Pendel. Fragen Sie, ob es Ihnen gut tut. Fragen Sie, ob es wirkungslos bleibt. Fragen Sie auch, ob es schadet.

Haben Sie mehrere Stoffe zur Auswahl, können Sie sie in einem Kreis aufstellen und das Pendel in die Mitte halten. Fragen Sie dann, welches Mittel Sie nehmen sollen. Das Pendel wird in diese Richtung schwingen. Machen Sie auf jeden Fall die Gegenprobe, und fragen Sie, was wirkungslos und was schädlich ist.

Warnung Pendeln ist von Tagesform und Umgebung abhängig. Pendeln Sie nie, wirklich nie apothekenpflichtige und verschreibungspflichtige Medikamente aus! Das kann bei einem kleinen Pendelirrtum lebensgefährlich sein. Über die Einnahme dieser Medikamente berät Sie aus gutem Grund Ihr Arzt oder Apotheker und nicht Ihr Unbewusstes.

Keine Ergebnisse mehr

Auch wenn im Prinzip alle Voraussetzungen zum Pendeln gegeben und Sie geübt sind und das Pendel auch nur bei wichtigen Fragestellungen zurate ziehen, kann es dennoch geschehen, dass Sie plötzlich keine sinnvollen Antworten mehr erhalten.

Erzwingen Sie in solchen Zeiten nichts. Lassen Sie Ihr Pendel ruhen, und versuchen Sie, die innere Bewältigungsarbeit durch geeignete Meditationen und Entspannungsübungen zu unterstützen.

Mitschwingende Helfer

Der Regenbogen, der sein Farbband über den Himmel spannt, ist nicht nur ein Zeichen der Hoffnung – es sind auch Farben, die Heilung bringen. Der Frühlingsduft der Blüten, der tiefe Schimmer eines edlen Steines erfreut die Seele und heilt sie.

Farben und Düfte – Steine und Blüten

»Vernunft und Glaube schließen sich gegenseitig durch ihre Natur aus und vereinigen sich durch die Analogie.«

Eliphas Lévi

Den Kontakt zu den heilenden Energien, den inneren sowie den kosmischen, zu verstärken war die Kunst der magischen Heiler und wird heute vielfach mitleidig als abergläubischer Hokuspokus angesehen. Allerdings nur von denen, die fest in ihrem mechanistisch-technischen Weltbild verhaftet sind. Die ganzheitliche Betrachtung hat schon lange erkannt, dass es Verbindungen zwischen den Dingen gibt, die sich nicht logisch, sondern nur intuitiv ableiten lassen. Die Analogien, die Entsprechungen, die Ähnlichkeiten sind es, die diese Zusammenhänge auf sprachlicher Ebene beschreiben. Mit ihnen arbeiten wir tagein, tagaus. Unsere Sprache wimmelt von diesen Vergleichen; wenn etwas rot wie Blut, schwer wie Blei, strahlend wie ein Diamant ist, dann bezieht sich das schon auf eben diese Analogien. Ein wesentlicher Grundsatz der Magie lautet: Ähnliches zieht Ähnliches an. Wenn wir also eine bestimmte Wirkung verstärken wollen, dann ist es sinnvoll, etwas, das in diesem Zusammenhang die gleiche Bedeutung hat, mit einzubeziehen, und zwar möglichst so, dass alle Sinnesorgane davon angesprochen werden. Die Kunst, Farben, Düfte, Klänge, Symbole und Schwingungsträger stimmig zusammenzustellen, macht die Wirkung des magischen Rituals aus. Auch in der ganzheitlichen Heilkunst mit ihrer Nähe zur weißen Magie finden wir eine ganze Reihe von Hilfsmitteln, die auf diesem Prinzip beruhen.

Sehen wir uns einmal den Einsatz von Farben, Düften und Edelsteinen an.

Heilung unter dem Regenbogen

Wir leben in einer hellen und farbenprächtigen Welt. Sie ist so bunt, dass wir Farben eigentlich gar nicht mehr richtig wahrnehmen. Um ihre Warnwirkung zu entfalten, müssen sie immer leuchtender werden und am besten noch blinken und flackern.

Weil wir von einer solchen Farbenflut umgeben sind, können wir im Alltagsleben ihre heilende Wirkung nur noch selten verspüren. Aber Farben sind Licht, Farben sind Schwingung. Und das Mitschwingen im großen Netz der Energien hilft, heil zu werden. Eines der schönsten Symbole der Hoffnung ist beispielsweise der Regenbogen. Ein dunkelgrauer, regenschwerer Wolkenhimmel verwandelt sich, wenn die Sonne richtig steht, in ein phantastisches Szenario. Ein perfekter Halbkreis strahlender Farben wölbt sich dann über das Land, eine Brücke, die in eine andere Welt zu führen scheint und von der die Überlieferung sagt, dass die Elfen über ihn wandern. Rot – Orange – Gelb – Grün – Blau – Violett, das ist die Farbfolge des Regenbogens. Vor dem Rot befindet sich das Infrarot, nach dem Violett folgt das Ultraviolett. Beide Farben können wir mit unseren Augen nicht mehr wahrnehmen, dennoch haben wir technisch gelernt, ihr Licht einzusetzen.

»Nie hätte das Auge die Sonne gesehen, wenn es nicht sonnenhafter Natur wäre.«

Plotin

Außerdem besitzen wir durchaus ein Organ, das auf diese Farben (Strahlungen) reagiert. Es ist unsere Haut, die wir durch die Sonnenstrahlung so gerne bräunen lassen. Sie hat aber auch durchaus noch feinere Möglichkeiten der Wahrnehmung. Sie reagiert auf die unterschiedlichen Wellenlängen des farbigen Lichts und regt damit die Ausschüttung bestimmter Nervenbotenstoffe (Neurotransmitter) an. Und die wiederum wirken sich auf die Stimmung aus.

Diese biochemischen Zusammenhänge sind erforscht, und die Ergebnisse überraschen denjenigen nicht, der sich mit der uralten magischen Weisheit befasst, in der bestimmte göttliche oder kosmische Kräfte durch Farben dargestellt werden und mit farblichem Beiwerk gerufen und aktiviert werden können.

Farben wirken auf unsere Empfindungen und unser Denken ein, und zwar ohne dass wir es bewusst registrieren. Wie sie uns beeinflussen, entzieht sich der rationalen Kontrolle. Aber sie tun es, und diejenigen, die sich mit ihrer Wirkung intensiv auseinander gesetzt haben, haben die Macht, uns damit zu manipulieren – im Guten wie im Schlechten.

Achten Sie einmal mit diesem Wissen im Hinterkopf auf die Farbgestaltung Ihrer Umgebung, auf Plakate, Schilder oder Raumausstattungen.

Die Farbe, die wir lieben

Bereits die Vier-Säfte-Lehre (siehe Seite 33f.) ordnete den Temperamenten vier Farben zu. Sie verbindet den Choleriker mit Rot, den Sanguiniker mit Gelb, den Phlegmatiker mit Grün und den Melancholiker mit Blau.

Das mag für die Grundstimmung eines Charakters richtig sein, doch unsere Farbvorlieben wechseln, und zwar auch stimmungsabhängig. Darauf aufbauend wurden einige Farbtests entworfen, aus denen man ablesen kann, welche Krankheitstendenzen mit welchen Farben verbunden sind.

Bekannt geworden ist vor allem der Lüscher-Test, den der Schweizer Psychologe Max Lüscher in den fünfziger Jahren des vergangenen Jahrhunderts entwickelte. Er ordnet den vier Grundfarben vier Arten von Selbstwertgefühlen zu. Rot entspricht bei ihm dem Selbstvertrauen und der Aktivität, Gelb der inneren Freiheit und der Entfaltung, Grün bedeutet die Selbstachtung und die stabile Festigkeit, Blau die Zufriedenheit und ausgeglichene Ruhe. Sind alle diese Eigenschaften im Gleichgewicht, so befindet sich der Mensch in Harmonie mit sich selbst und seiner Umwelt.

Diese Theorie erinnert Sie bestimmt sehr stark an die magische Vorstellung der vier Elemente, die mit denselben vier Farben assoziiert werden (siehe Seite 33f.).

Die bevorzugten Farben sagen also etwas über die Persönlichkeit aus. Auf der anderen Seite beeinflussen die Farben auch die Persönlichkeit, und damit liegt es nahe, dass man mit ihnen Defizite ausgleichen kann, also zu Harmonie und Heilung gelangt.

Grundsätzlich unterscheidet man zwischen warmen und kalten Farben. Die warmen Farben regen an, die kalten dämpfen. Als warm gelten Rot, Orange und Gelb und darüber hinaus alle Abstufungen dazwischen; kalt wirken Grün, Blau und Violett und deren Zwischenstufen.

Sehen wir uns die Farben und ihre Bedeutung im Einzelnen an.

Übung: Farbtest

Um mit Farben zu heilen, setzt man Bestrahlungen mit farbigem Licht ein, benutzt farbiges Licht zur Farbakupunktur, verwendet farbige Tinkturen und Bäder. Aber auch mit der Visualisierung von Farben, der billigsten, schnellsten und einfachsten Methode, die Sie alleine für sich anwenden können, sind durchaus Heilerfolge zu erzielen. Aber vor der Therapie steht die Diagnose, und darum prüfen Sie zunächst einmal Ihren Zustand. Dazu benötigen Sie vier Karten in den Grundfarben Rot, Grün, Gelb und Blau. Schauen Sie mal in Ihrem Bastelkistchen nach, was sich da findet.

Und dann sortieren Sie die vier Farben in der Reihenfolge Ihrer Vorliebe von links nach rechts. Links liegt diejenige, die Ihnen momentan am besten gefällt, rechts daneben die zweitliebste, und die beiden anderen sind die, die Sie im Moment nicht so mögen.

Die erste, beliebteste Farbe sagt etwas über Ihren derzeitigen Gemütszustand aus, auf welche Weise Sie die gerade anstehenden Aufgaben lösen, wie Ihr Energieniveau im Augenblick ist. Die zweite sagt etwas über Ihren grundsätzlichen Gemütszustand aus, wie Sie sich eigentlich wünschen zu sein. Die beiden letzten sagen Ihnen, wo Sie Defizite haben.

Übung: Farben visualisieren

Die rituelle Magie arbeitet selbstverständlich mit Farben, und wer nicht weiß, was sie bewirken, wird vermutlich den in leuchtendes Rot gewandeten Magier belächeln, der vor seinen fünf roten Kerzen mit einem Rubin in der Hand die Marskräfte anruft. Aber eigentlich tut dieser Mensch nichts anderes, als seine

Farbe	Stimmung	Vorgehen	Energieniveau
Rot	aktiv, aggressiv	dynamisch	hoch
Gelb	konzentriert, kommunikativ	analytisch	angeregt
Blau	verträumt, nachdenklich	intuitiv	gedämpft
Grün	entspannt, optimistisch	pragmatisch	ausgeglichen

Farbe	Körperliche Wirkung	Heilkraft	Zu vermeiden	Symbole
Rot	Erhöht den Blutdruck, die Herz- und Atemfrequenz, die Adrenalinausschüttung, bildet die roten Blutkörperchen	Regt die Selbstheilungskräfte an, beschleunigt die Wundheilung	Bei Fieber, Entzündungen und hohem Blutdruck	Mars/Widder, Feuer, Blut, Leidenschaft
Orange	Anregend, jedoch nicht so stark wie Rot; regt die Milz, die Drüsentätigkeit und die Verdauung an	Regt den Appetit an, gleicht Energiemangel aus, vertreibt Niedergeschlagenheit	Bei Hyperaktivität und Nervosität, bei Fieber und Herzklopfen	Sonne/Löwe, Apollo, Lebenskraft, Mittelpunkt, Schöpfungskraft
Gelb	Aktiviert Magen, Galle, Leber, Darm und Lymphsystem; regt die Nerven an (und kann auf die Nerven gehen)	Unterstützt alle rhythmischen Körperfunktionen, steigert die Konzentration und Lernfähigkeit; Gelb heitert auf	Bei Nervosität und Überaktivität des Verdauungssystems, bei Fieber	Merkur/ Zwillinge, Athene, Weisheit, Kontaktfreude, Luft, Neid
Grün	Wirkt auf Herz, Nieren und die weiblichen Geschlechtsorgane, entspannt die Nerven, wirkt entzündungshemmend	Stabilisiert den Kreislauf, befreit die Atemwege, baut Giftstoffe ab, strafft die Haut, beruhigt die Nerven und wirkt einschläfernd	Bei niedrigem Energieniveau, niedrigem Blutdruck und flachem Puls	Venus/Stier, Jugend, Wachstum, Hoffnung. Vollmond
Blau	Dämpft den Blutdruck, den Puls, die Atemfrequenz, wirkt antiseptisch, beeinflusst den Hals-Nasen-Ohren-Bereich	Senkt Fieber, beruhigt Entzündungen, löst Krämpfe, Muskelverspannungen und Kopfschmerzen, beruhigt die Nerven	Bei Müdigkeit und Antriebslosigkeit, schlechter Durchblutung, bei Realitätsflucht und Depressionen	Venus/Waage, Neptun/Fische, Wasser, Treue, Tiefe und Weite
Violett	Dämpft die Vitalfunktionen, wirkt auf die Milz und das vegetative Nervensystem, normalisiert den Stoffwechsel und das Lymphsystem	Besänftigt geistige Überaktivität, wirkt ausgleichend und kräftigend, lindert neuralgische Schmerzen, fördert Schlaf und Meditation	Bei seelischen Problemen und psychischer Labilität	Neptun/Fische, Jupiter/Schütze, Mysterien, Opfer, Glauben, Geheimnisse, Großzügigkeit
Braun	Keine	Fördert die Solidität, die Erdverbundenheit und Standfestigkeit	Bei Engstirnigkeit, Dogmatismus und Trägheit	Pluto/Skorpion, Mars/Skorpion, Unterwelt, Macht, Gewalt
Weiß	Stärkt bei Mangelerscheinungen	Fördert die Reinheit und Schlichtheit, Erleuchtung	Gefühlskälte und Phantasielosigkeit	Zunehmender Mond/Krebs, Wasser, Träume
Schwarz	Löst Energieblockaden und Verspannungen, lindert Schmerzen	Fördert die Konzentration und die Würde, wirkt bannend und abgrenzend	Angst und Einsamkeit	Saturn/Steinbock, Hüter der Schwelle, Disziplin, Tod

Visualisierung der roten, aktiven Kräfte zu unterstützen, sie in sich aufzunehmen und mit ihnen sein Energieniveau zu erhöhen. Die Frequenz des roten Lichts erhöht die Vitalfunktionen, wie die Wissenschaft heute nachgewiesen hat. Farbtherapie ist im besten Sinne magisch heilsam.

Wenn Sie mit visualisierten Farben arbeiten möchten, ist der erste Schritt die Entspannung. Suchen Sie sich einen ruhigen, ungestörten Platz, setzen oder legen Sie sich bequem zurecht, und tun Sie einige tiefe Atemzüge.

Schließen Sie die Augen, und lassen Sie die erste Farbe entstehen, die Sie benötigen. Ein kleines Hilfsmittel ist dabei, sich die Farbe als aufsteigenden Nebel oder als Wolkengebilde vorzustellen. Schwelgen Sie in dieser Farbe. Schieben Sie alle anderen vorbeihuschenden Gedanken zur Seite; am besten beachten Sie sie überhaupt nicht. Nur eine Farbwolke umgibt Sie.

Wenn Sie schon etwas geübt im Visualisieren sind, können Sie die Farbe auch bewusst in ein Körperteil lenken, wo sie heilend wirken soll. Dort, wo sich eine Entzündung befindet, lassen Sie kühlendes Blau oder auch antiseptisches Grün hinfließen. Eine nicht entzündete Wunde wird sich durch anregendes Rot oder Orange schneller schließen, der eine Kopfschmerz verschwindet durch Blau, der andere durch Orange. Das müssen Sie ausprobieren. In einen trägen Verdauungstrakt lassen Sie stimulierendes Gelb fließen, und alles, was zu stark erregt ist oder schmerzt, mag sich durch dämpfendes Violett beruhigen.

Noch eine Stufe weiter können Sie gehen, wenn Sie die Visualisierung der Farben mit der Atmung in Verbindung bringen und sich vorstellen, dass die Luft, die Sie in sich hineinfließen lassen, von leuchtender Farbenergie schwingt. Beim Ausatmen verlässt Ihr Körper die Luft dann in der Komplementärfarbe. Auf diese Weise habe ich hervorragende Ergebnisse bei Schnupfen erzielt: Sattgrüne Luft macht die Nase frei!

Bei den hier genannten Farben handelt es sich um reine Farben. Sie können aber selbstverständlich auch mit Misch- und Pastellfarben experimentieren und herausfinden, welche Wirkung beispielsweise Rosa oder Lachsfarben, Purpur oder Eisblau, Türkis oder Dottergelb auf Sie haben.

Einatmen	**Ausatmen (Komplementärfarbe)**	**Wirkung**
Rot	Grün	Anregung und Willenskraft
Orange	Blau	Heiterkeit und Extrovertiertheit
Gelb	Violett	Geistige Frische und Konzentration
Grün	Rot	Ausgleich und Beruhigung
Blau	Orange	Kühle, Ruhe, Entspannung
Violett	Gelb	Inspiration, Phantasie, Spiritualität

Edle Steine für die kostbare Gesundheit

Wirken sich schon die Farben oder nur die reine Vorstellung von Farben auf das körperliche Befinden aus, so tun es die farbigen Schwingungsträger noch mehr. Und so kommen wir ganz schlüssig zu dem Thema der Edelstein-Medizin.

Auch Kristalle schwingen. Das wird selbstverständlich auch technisch genutzt, und wenn Sie auf Ihre Quarzuhr schauen, haben Sie ein praktisches Beispiel dafür. Die Atome und Moleküle der Kristalle sind in Gittern angeordnet, wodurch wiederum die schönen Kristallisationsformen entstehen, die letztlich die Farbe bestimmen. Edelsteine haben einen ungeheuer langen Wachstumsprozess durchgemacht; zu ihrer Entstehung waren oft gewaltige Kräfte notwendig. Druck und Hitze, Schmelzen und Abkühlung waren die Voraussetzungen, damit sich die Atome in ihrer strukturierten, geometrischen Form zusammenfinden konnten. Welch ein phantastischer Vorgang die Kristallisation ist, können Sie schon an einer Schneeflocke erkennen. Edelsteine sind jedoch nicht nur alt, sie sind auch schön und selten. Sie haben die Menschen bezaubert, und schon sehr früh sind die farbigen, funkelnden Steine liebevoll geschliffen und poliert zu Schmuck verarbeitet worden. Seltenes und Schönes trägt seine eigene Magie in sich, die Träger haben nicht nur den Glanz und das Funkeln des Geschmeides erlebt, sie haben auch Schicksal und Geschicke damit verbunden. Somit haben alle edlen Steine eine ganz eigene Bedeutung gewonnen. Das muss man ernst nehmen, denn wir wissen bislang nicht, was nun einander bedingt: der Stein das Schicksal oder das Schicksal den Stein. Geht man ganzheitlich gesehen davon aus, dass alles miteinander in Verbindung steht, so mag auch ein seltener Kristall auf den Menschen Einfluss nehmen, der ihn trägt.

»Jeder Stein ist nichts weiter als eine grobstofflich verpackte Schwingung, eine Frequenz zum Anfassen, Auflegen, Meditieren oder Umhängen.«

Sofia Sienko

Die Heilung mit Edelsteinen hat in allen Kulturkreisen eine lange Tradition. Ob als Amulett getragen, als Pulver getrunken, in Pasten verarbeitet, als Kristallwasser verwendet oder als Heilstein aufgelegt, viele Möglichkeiten sind den sensitiven Heilkundigen eingefallen, um die verborgenen Kräfte der Steine zu nutzen.

Wahr ist, was wir uns bewusst machen, und wenn Sie einen schönen Edelstein besitzen, dann schenken Sie ihm eine Weile Ihre ganze Aufmerksamkeit. Dazu müssen Sie entspannt sein; hilfreich ist auch Kerzenlicht einer farblich passenden Kerze. Betrachten Sie den Stein, versuchen Sie zu erkennen, wie sich das Licht in seinen Facetten bricht, fühlen Sie seine glatte Oberfläche, nehmen Sie die Temperatur wahr, die er verbreitet. Legen Sie sich den Stein auf die geschlossenen Lider oder zwischen die Augen auf die Stirn, und achten Sie auf die Bilder, die in Ihnen dabei aufsteigen. Legen Sie ihn auch auf Ihr Herz, Ihren

Solarplexus, den Nabel oder irgendeine andere Körperstelle, und versuchen Sie herauszufinden, welche Wirkung der Kristall hat. Manchmal wird er sich kühl anfühlen, an anderer Stelle wird er geradezu heiß werden. Es kann aber auch sein, dass er nur ein leicht kribbelndes Empfinden auslöst.

Zuordnung edler Kristalle

In unserem Kulturkreis hat man die Edelsteine den astrologischen Prinzipien zugeordnet, und selbst heute noch bekommen Sie in jedem Juweliergeschäft Schmuck aus den so genannten *Monatssteinen*. Hier spielen in der Bestimmung Tierkreiszeichen und Farbe zusammen.

Im asiatischen Kulturkreis werden die Steine ihrer Wirkung nach den Chakras zugeordnet, den Energiezentren des Körpers, denen ebenfalls Farben zugeordnet sind.

Doch bleiben wir im eigenen Land. Es hat sich folgende Zuordnung ergeben, die jedoch auch immer ein wenig Auslegungs- und Erfahrungssache ist. Da die Edelsteinmedizin zum Glück keine Nebenwirkungen zeigt, kann man im schlimmsten Fall also nichts falsch machen.

Übung: Aktivieren von Heilsteinen

Es gibt erfahrene Heiler, die mit Edelsteinen arbeiten. Ihnen sollten Sie sich anvertrauen, wenn Sie ein ernsthaftes Problem haben. Wenn Sie selbst eine Sammlung von Kristallen besitzen, spricht auch nichts gegen einen Selbstversuch. Greifen Sie also wohlgemut in Ihre Schatztruhe, und experimentieren Sie mit den taubeneigroßen Smaragden und Rubinen, die ja in jedem Haushalt zur Grundausstattung der Apotheke gehören. Spaß beiseite, es muss nicht immer der wertvolle Schmuckstein sein. Ein Bergkristall ist preiswerter, leicht zu beschaffen und sehr wirkungsvoll. Suchen Sie nach einem schönen, möglichst fehlerlosen Stück. Aber bevor Sie damit zu arbeiten beginnen, sollten Sie den Stein reinigen: Zunächst einmal unter fließendem Wasser abspülen, um Staub und Fingerabdrücke abzuwaschen, und danach etwas magischer, indem Sie ihn in eine Glasschale legen und im Sonnenlicht trocknen lassen. Dann können Sie ihn auf Ihren Körper platzieren und wirken lassen, unter Ihr Kopfkissen stecken oder in der Tasche mit sich tragen, um sich mit seinen heilenden Schwingungen zu verbinden. Währenddessen entlädt sich der Stein dabei, und irgendwann muss er wieder von den negativen Energien, die er, um Sie zu schützen und zu heilen, aufgenommen hat, gereinigt werden.

Es gibt sehr differenzierte Anweisungen für die unterschiedlichen Edelsteine, aber es gibt auch ein universelles Reinigungsmittel: Meersalz. Legen Sie den Stein über Nacht in ein Bett aus trockenem Meersalz. Das Salz sollten Sie bitte anschließend nicht in der Küche weiterverwenden.

Ebenfalls sehr wirkungsvoll ist eine Reinigung auf der inneren Ebene, die Sie mit dem Stein eng verbindet. Dazu müssten Sie Ihre Fähigkeit zum Visualisieren einsetzen. Entspannen Sie sich also, setzen Sie sich bequem hin, und legen Sie den Stein in die linke Handfläche. Heben Sie ihn so hoch, dass er sich in etwa auf Stirnhöhe befindet. Schließen

Übersicht – Steine, astrologische Zuordnung und Heilwirkung

Planet Zeichen	Farbe	Prinzip	Steine	Anwendung bei
Sonne Löwe	Gold Orange	Schöpfungskraft, Herrschaft	Bernstein	Hautstörungen, Asthma, Hormonstörungen
			Topas (gelb)	Nervenleiden, Stoffwechselprobleme
			Diamant	Steinbildung, Geisteskrankheiten
Mond Krebs	Silber Weiß	Weiblichkeit, Gefühle	Mondstein	Alle Frauenleiden
			Opal	Magenbeschwerden, Bluterkrankungen
			Perle	Kalziummangel, Kopfschmerzen, Allergien
Merkur Zwillinge/ Jungfrau	Gelb Hellblau	Intelligenz, Kommunikation Tricks	Citrin	Verdauungsbeschwerden, Diabetes, Stress
			Tigerauge	Bronchitis, Kopfschmerzen, Geisteskrankheiten
			Aquamarin	Atemwegskrankheiten, Augenbeschwerden, Stoffwechselstörungen
Venus Stier/ Waage	Grün Rosa Blau	Schönheit, Liebe, Ordnung	Smaragd	Augenkrankheiten, Stärkung des Immunsystems
			Moosachat	Schwangerschaft, Kopfschmerz
			Rosenquarz	Infektionen, Hautkrankheiten
Mars Widder	Rot	Leidenschaft, Aktivität, Kampf	Rubin	Zur Blutbildung, Lebererkrankungen, Kreislaufbeschwerden
			Karneol	Blutungen, Schwangerschaft
			Jaspis	Verdauungsstörungen, sexuelle Probleme, Übergewicht
Jupiter Schütze	Purpur Blau	Weisheit, Großzügigkeit, Glauben	Saphir	Nervöse Beschwerden, Fieber, Schmerzen
			Amethyst	Schlafstörungen, Verspannungen, Stress
			Lapislazuli	Entzündungen, Ekzeme, Regelschmerzen, Fieber, Schilddrüsenbeschwerden
Saturn Steinbock	Schwarz	Disziplin, Konzentration	Onyx	Sonnenbrand, Entzündungen Ohrenschmerzen
			Turmalin (schwarz)	Muskelschwäche, Energieblockaden
			Rauchquarz	Gelenkprobleme, Entschlackung, Empfängnisbereitschaft
Uranus Wassermann	Weiß	Wandlung, Fortschritt, Technik	Bergkristall	Schmerzen, Fieber, Lähmungen, festigt das Bindegewebe
			Weiße Jade	Nierenbeschwerden, Entgiftung
Neptun Fische	Blau Violett	Unbewusstes, Nachgiebigkeit	Fluorit	Hautkrankheiten, Arthritis
			Turmalin (blau)	Erkältungskrankheiten, Asthma, Bronchitis
Pluto Skorpion	Braun	Macht, Ehrgeiz, Sex, Tod	Hämatit	Alles, was das Blut betrifft
			Granat	Herz und Kreislauf

Sie die Augen, und stellen Sie sich ein Licht vor, das den Kristall umgibt. Begeben Sie sich dann in Ihrer Vorstellung an einen reinen, weißen Sandstrand. Legen Sie den Stein in den Sand, und lassen Sie das salzige Meerwasser über ihn fluten. Salzwasser reinigt, die Sandkörner, zerriebener Quarz, geben ihm Kraft zurück. Wir befinden uns im Element Erde. Nach einer kleinen Weile wandern Sie mit Ihrem Stein zu einer Süßwasserquelle, vielleicht tief im grünen Dunkel des Waldes oder unter einem schattigen Fels. Spülen Sie ihn hier mit dem klaren, sauberen Element Wasser ab. Anschließend trocknen Sie ihn in Ihrer Vorstellung unter strahlendem Sonnenlicht, dem Element Feuer, und lassen einen von Blütenduft schweren Wind darüber streichen.

Natürlich können Sie auch andere Naturbilder der vier Elemente verwenden, sie sollten aber immer positive Gefühle beinhalten, die Schönheit, Reinheit und Klarheit bedeuten, denn das ist es, womit Sie den Kristall aufladen.

Übung: Behandlung mit Heilsteinen

Auflegen oder Tragen von Edelsteinen ist eine Form der Behandlung; eine andere, einfach durchzuführende Anwendung ist das Trinken des Kristallwassers. Hierzu sollten Sie reines Wasser verwenden. Wenn Sie Quellwasser zur Verfügung haben, wäre das ideal, ansonsten nehmen Sie stilles Mineralwasser.

⌖ Legen Sie den aufgeladenen Kristall in ein schönes Glas, und füllen Sie es mit Wasser auf.

⌖ Lassen Sie den Stein zwölf Stunden in diesem Wasser liegen.

⌖ Trinken Sie das Kristallwasser morgens vor dem Frühstück.

⌖ Bedenken Sie: Edelsteine sind keine Pillen, die Wirkung entfaltet sich langsam, und die Behandlung kann einige Tage dauern. Seien Sie geduldig mit sich und ebenso mit Ihrem edlen Helfer.

⌖ Beachten Sie: Mineralien und Steine, die wasserlösliche Bestandteile enthalten, dürfen Sie nicht mit Wasser in Verbindung bringen. Dazu gehören alle Steine, die zur Familie der Gipse zählen, Kalzite und Schwefel.

Hinweis Edelsteintherapien bieten viele Heiler an. Erkundigen Sie sich danach.

Heilsame Duftwolken

Genau wie Farben wirken auch Gerüche vielfach, ohne dass sie uns eigentlich bewusst werden. Natürlich rümpfen wir bei einem lästigen Gestank angewidert die Nase oder schnuppern erfreut an einem duftenden Rosenbusch. Eine ganze Reihe von Gerüchen jedoch nehmen wir gar nicht so recht wahr. Das liegt vor allem daran, dass unser Geruchssinn schnell abstumpft. Belästigt man die Nase zu lange mit einem Reiz, schaltet sie sich einfach aus. Das wird Ihnen z. B. dann auffallen, wenn Sie jemand darauf anspricht, ob Ihnen die Knoblauchbutter gemundet hat. Sie selbst riechen das strenge Gewürz bereits nicht mehr, Ihre Umwelt aber bemerkt es sehr wohl.

Wie sehr Düfte die Gefühlslage eines Menschen beeinflussen können, hat man schon sehr früh entdeckt und sich zunutze gemacht.

Das Verbrennen aromatischer Kräuter, Hölzer, Harze und Wurzeln hat eine lange Tradition. Was der Mensch für sich als angenehm empfand, daran ließ er in vergangenen Zeiten auch die Götter teilnehmen. Wie selbstverständlich war in jedem Tempel, bei jedem Ritual das Räucherwerk dabei, und sein duftender, himmelwärts aufsteigender Rauch trug die Gebete und Bitten mit sich.

»Ätherische Öle (...) sind nichts anderes als Worte der uns günstig gesinnten Heilpflanzen an uns...«

Bernd Dost

Heute wissen wir, dass der Geruchssinn direkt mit dem limbischen System in Verbindung steht, jener Gehirnregion zwischen Großhirn und Stammhirn, in dem das, was wir erleben, mit unseren Gefühlen bewertet wird. Die allerersten Erfahrungen, die ein Mensch macht, sind hier enthalten, und, wenn man so will, wahrscheinlich auch kollektive Erfahrungen aller Lebewesen, seit sie Duftmoleküle aufnehmen können.

Es gibt eine ganze Reihe von Düften, die über diese Wirkweise positive Gefühle wecken, ob wir wollen oder nicht. Denn atmen müssen wir, und damit nehmen wir auch den Duft wahr.

Positive Gefühle sind die wichtigsten Verbündeten, wenn es darum geht, Heilung zu unterstützen. Ob als Räucherwerk, Salben, Öle oder Kräutersträuße, dem Magier und dem Heiler waren die Düfte immer ein hilfreicher Begleiter.

Der Geist der Pflanzen

Wir werden heute von künstlichen Düften oftmals überwältigt; kaum ein Parfüm besteht noch aus reinen ätherischen Ölen oder Essenzen. Jedes Spülmittel ist alpenfrisch, jeder Weichspüler ein Apfelblütengarten, jede Zahnpasta minzkühl, jede Scheuermilch die reine Sommerwiese. Nichts davon wirkt therapeutisch, alles ist synthetisch. Sonst könnten wir die Meeresbrise in der Toilette nämlich nicht bezahlen.

Echte ätherische Öle werden überwiegend aus Pflanzen gewonnen, der Prozess ist aufwändig, die Ausbeute gering. Aber der so gewonnene Duft trägt mit sich den Geist der Pflanze, aus der er stammt, und an ihren Duft erinnern wir uns seit Menschengedenken.

Verwenden Sie zu Heilzwecken immer natürliche, unverfälschte Duftstoffe. Die Öle müssen den Begriff »naturrein« tragen. Sie dürfen nicht innerlich angewendet werden, doch gibt es eine Reihe von sehr angenehmen Methoden, wie sie äußerlich einzusetzen sind. Etwa als Zusatz zu geruchslosem Körper- oder Massageöl, auf feuchten Kompressen oder als Badezusatz. Sie sollten jeweils nur wenige Tropfen verwenden, da sonst Hautirritationen entstehen können! Bei beiden Anwendungen gelangen die Duftstoffe über die Haut in den Körper und wirken so besonders intensiv.

Wenn Sie Düfte inhalieren wollen, geben Sie einige Tropfen auf ein Taschentuch und halten Sie es sich beim Einatmen vor die Nase. Dieses einfache und wirkungsvolle Hilfsmittel war in den vorigen Jahrhunderten sehr beliebt, und keine Dame ging ohne ihr Riechfläschchen aus dem Haus. Ein Gesichtsdampfbad wirkt gerade bei Atemwegserkrankungen besonders lindernd. Tropfen Sie die Duftessenz in eine Schüssel mit heißem Wasser, beugen Sie sich über die dampfende Schüssel, und atmen Sie einige Male tief ein. Verstärken können Sie die Wirkung, wenn Sie dabei auch noch ein großes Handtuch über Kopf und Schüssel legen.

Weniger intensiv, aber äußerst wohltuend wirken Duftlampen oder Räucherwerk, um das Raumklima zu aromatisieren. Zum Räuchern sollten Sie immer naturreine Kräuter, Blüten und Harze verwenden und keine fertigen Mischungen. Mit ein wenig Kreativität können Sie sich die Zusammenstellungen selbst herstellen, die Sie als angenehm empfinden.

Element	Charakter	Duft und Wirkung
Luft	Zitronige, frische, »gelbe« Düfte steigern die Konzentration und die Wahrnehmung.	Zitrone Bei Konzentrationsmangel, gegen Stress, wirkt belebend und geistig klärend. Lemongrass Bei geistiger Erschöpfung, macht munter und verscheucht die Motten. Pfefferminze Bei Kopfschmerzen und Migräne, wirkt antiseptisch und entzündungshemmend.
Wasser	Süße, blumige Düfte wecken sanfte Gefühle, öffnen das Herz und öffnen es für die Schönheit.	Geranie Bei Einschlafstörungen und Neurosen, wirkt beruhigend. Jasmin Bei Menstruationsstörungen und Depressionen. Ylang-Ylang Bei Unruhe, Lustlosigkeit und inneren Verkrampfungen.
Feuer	Herbe, durchdringende Kräuterdüfte stärken ganz allgemein und erhöhen die Vitalität.	Gewürznelke Bei Verdauungsbeschwerden, vermittelt das Gefühl von Wärme. Myrrhe Bei Husten und Heiserkeit, wirkt stimulierend und hilft bei Meditationen. Rosmarin Bei rheumatischen Beschwerden und Muskelschmerzen, Durchblutungsstörungen. Rosmarinduft wirkt reinigend.
Erde	Holzige, warme Düfte erden, geben Stabilität und schenken Vertrauen.	Patchouli Bei Frustration und Ängsten, ein schneller Energiespender, der Mut macht. Sandelholz Bei Stress und Schlaflosigkeit, um eine sinnliche Atmosphäre zu schaffen. Zedernholz Bei Energielosigkeit, wirkt aufbauend auf das Selbstbewusstsein.

Die Magie der Düfte

Die Aufgabe der Duftstoffe ist, die Stimmung zu wecken. Die Wirkung ist stets unterschiedlich: Mal ist es eine sanfte, friedliche, mal eine anregende, mal anziehend, mal stärkend, mal befreiend und auch schon mal bannend und ausgrenzend. Was immer man sich wünscht, wird, in der rechten Stimmung vorgetragen, mit magischen Kräften besonders gut übermittelt. Das ist eine Binsenweisheit, die jede Kräuterhexe kennt, ebenso jeder Priester, der seine Gebete mit Weihrauch versüßt, jeder Schamane, der mit Salbei die Geister ruft, und jeder Magier, der sich mit den Planetengöttern verbindet.

In Zeiten von Krankheit und seelischem Leid, wenn der Wunsch nach Heilung besonders stark ist, helfen Düfte, die eigene Stimmung zu harmonisieren, ohne dass wir uns dazu besonders anstrengen müssen. Sie tragen dazu bei zu entspannen und verstärken vor allem die heilenden Visualisierungen.

Um Ihnen die Auswahl des Duftes leichter zu machen, hilft Ihnen die nach den vier Elementen geordnete Tabelle auf Seite 106.

»Es gibt keine echte Heilung ohne die Veränderung in der Lebenseinstellung, des Seelenfriedens und des inneren Glücksgefühls.«

Edward Bach

Natürlich gibt es auch noch sehr viel mehr duftende Essenzen, und es ist eine wunderbare (und heilsame) Aufgabe, sich mit Kräutern, Gewürzen, Harzen und Hölzern zu beschäftigen, auch wenn man nicht krank ist. Experimentieren Sie ruhig ein wenig. Sammeln Sie Blüten und Blätter, schnuppern Sie sich durch die Natur, trocknen Sie Kräuter, und stopfen Sie Duftkissen. Lassen Sie zarte Aromen durch Ihre Wohnung schweben, probieren Sie aus, wie Gerüche auf Sie wirken, an was Sie erinnert werden und welche Stimmung sie plötzlich auslösen. Gehen Sie nasenbewusst durch die Welt, Sie werden ganz neue Abenteuer erleben.

Hinweis Den Einsatz von Düften finden Sie in der Aromatherapie.

Die zarte Schwingung der Bach-Blüten

Dr. Edward Bach (1886–1936) war ein außerordentlich einfühlsamer Arzt, der verstand, dass auch die geistige Befindlichkeit, die Gemütsstimmung ein maßgeblicher Bestandteil, manchmal auch Auslöser von Erkrankungen ist. Ich denke, man wäre in seiner Praxis gut aufgehoben, würde er heute noch leben und praktizieren. Er muss seinen Patienten sehr genau zugehört haben und sie mit Anteilnahme beobachtet haben, denn er erkannte, dass vor allem die Stabilität der Persönlichkeit, ihr seelisches »Heil-Sein«, die Gesundheit ausmacht. Desgleichen betrachtete er auch die Natur mit großer Aufmerksamkeit und nahm sie offensichtlich geradezu mit magischem Bewusstsein wahr, denn er erkannte die Ähnlichkeit in den Schwingungen menschlichen und pflanzlichen Lebens. Es gibt solche Persönlichkeiten, und in anderen Zeiten und Kulturen wären sie Weise und Schamanen, Seher oder Priester genannt worden. Bei uns werden sie überwiegend verlacht. Analogien zu erkennen kann man lernen. Dieses Lernen setzt jedoch weniger logisches als intuitives Denken voraus.

Der britische Arzt Dr. Bach erkannte zunächst einmal nur das Offensichtliche. Wer krank ist, fühlt und denkt anders als im gesunden Zustand. Tief verwurzelte Ängste kommen an die Oberfläche, und Verzweiflung, Resignation, Verbitterung können die Kräfte, die ansonsten zur Heilung beitragen, blockieren. Man verbeißt sich in Symptome, beobachtet mit furchtsamer Akribie plötzlich die Veränderungen im Körper, wehrt sich vielleicht gar gegen jede Aufmunterung – kurz, man befindet sich in einer negativen Gesamtstimmung. Wir haben schon gesehen, dass Farben und Düfte diese Stimmung lösen und die Blockaden, die die Heilung verhindern, lindern oder aufheben.

Unter dem Gesichtspunkt, dass auch Pflanzen eine eigene, wirkungsvolle Schwingung ausstrahlen, definierte Edward Bach nun eine Reihe, nämlich genau 38 seiner heimischen Pflanzen, die jeweils bestimmte Gemütszustände positiv beeinflussen. Die Herstellung der Bach-Blüten-Konzentrate lässt die Schulmediziner lächeln, nicht aber jene, die sich mit der Homöopathie befassen. Das Prinzip ist ähnlich. Die Blüten werden in eine Schüssel mit reinem Quellwasser gelegt und so lange der Sonne ausgesetzt oder gekocht, bis die Essenz der Blüten (letztlich ihre Schwingung) auf das Wasser übergegangen ist. Die so entstandene Grundessenz wird dann ebenso verdünnt wie homöopathische Mittel. Diese schonende und im Grunde sehr einfache Herstellung der Heilmittel gewährt, dass die natürlichen Wirkkräfte der Pflanzen soweit wie möglich ganzheitlich erhalten bleiben. Dagegen, und das ist der wesentliche Unterschied zur Pharmazie, werden in den schulmedizinischen Arzneien den Pflanzen nur ganz bestimmte Wirkstoffe entzogen. Darüber hinaus werden sie dann, wenn man ihre Wirkweise analysiert hat, synthetisch hergestellt.

Blüte und Seele – eine Übersicht

Bach-Blüten sind keine Medikamente, die Schmerzen dämpfen, Magenkrämpfe lösen oder Geschwüre heilen. Es sind Heilmittel, die auf das Energiesystem des Menschen einwirken, Blockaden lösen, Selbsterkenntnis ermöglichen und damit den Weg zur ganzheitlichen Persönlichkeit ebnen. Das setzt bei dem Kranken allerdings den Willen voraus, sich mit den wahren Ursachen seiner gesundheitlichen Störung konfrontieren zu lassen, weshalb die Behandlung mit Bach-Blüten manchmal ein recht dorniger Weg sein kann, der eine Veränderung im Bewusstsein fordert. Sehen wir uns an, welche Macht den zarten Blüten innewohnt.

Praxis – Anwendungen der Bach-Blüten

Welche Bach-Blüte oder welche Mischung (nicht mehr als sechs Blüten!) für Sie infrage kommt, können Sie anhand der Tabelle auf nebenstehender Seite schon ungefähr selbst bestimmen. Sie können Bach-Blüten auch sehr gut auspendeln. Aber wenn Sie es genauer wissen wollen, sollten Sie einen in der Therapie erfahrenen Arzt oder Heiler aufsuchen.

Bach-Blüte	Symptom	Erreichbares Ziel
Agrimony (Odermenninge)	Übersteigerte Sensibilität und innere Unruhe werden hinter aufgesetzter Fröhlichkeit verborgen.	Echte Fröhlichkeit, Relativierung der eigenen Sorgen, Objektivität
Aspen (Zitterpappel)	Unerklärliche Ängste, Furcht vor einem unerklärlichen Unglück, Albträume	Zutritt zu den anderen Bewusstseinsebenen und den anderen Welten
Beech (Rotbuche)	Intoleranz und Arroganz, Kritiksucht und mangelndes Einfühlungsvermögen	Gute diagnostische Fähigkeiten, Verständnis für Verhaltensmuster
Centaury (Tausendgüldenkraut)	Willensschwäche und Überempfindlichkeit, Unfähigkeit, nein zu sagen	Teamfähigkeit, Hingabe an eine Aufgabe
Cerato (Bleiwurz)	Mangelndes Selbstvertrauen und Unsicherheit	Vertrauen in die eigenen Fähigkeiten, Koordination von intuitivem und faktischem Wissen
Cherry Plum (Kirschpflaume)	Angst vor dem Loslassen, Verzweiflung, Unbeherrschtheit	Seelische Stabilität und Selbsterkenntnis
Chesnut Bud (Kastanienknospe)	Mangelnde Einsicht in die eigenen Fehler, fehlender Realitätsbezug	Aus Erfahrungen lernen und das Beste daraus gewinnen
Chicory (Wegwarte)	Besitzergreifende Liebe, Einmischung in Angelegenheiten anderer, Selbstmitleid	Quelle der Sicherheit und Geborgenheit, echte Hingabe
Clematis (Weiße Waldrebe)	Geistesabwesenheit und Konzentrationsschwäche, Realitätsflucht	Umsetzen der Phantasien in die Realität, Kreativität, Analogieschlüsse
Crab Apple (Holzapfel)	Gefühle von Unsauberkeit, Selbstquälerei, Schuldgefühle und Gewissensbisse	Perspektivewechsel, Sinn für die übergeordneten Zusammenhänge
Elm (Ulme)	Das Gefühl, seine Aufgaben nicht bewältigen zu können, Überforderung	Übernahme von Verantwortung, Führungsfähigkeit
Gentian (Herbstenzian)	Pessimismus, Zweifel, Mutlosigkeit, Unsicherheit	Konfliktbewältigung, Zuversichtlichkeit
Gorse (Stechginster)	Hoffnungslosigkeit, Verzweiflung, innere Düsternis	Hoffnung auf Genesung, Licht am Ende des Tunnels
Heather (Schottisches Heidekraut)	Starke Selbstbezogenheit und Eigennutz, ständiger Hunger nach Lob	Einfühlungsvermögen in andere, Zuversicht und Stärke
Holly (Stechpalme)	Hass und Misstrauen, Eifersucht und bohrender Neid	Innerer Frieden und Verständnis für andere
Honeysuckle (Geißblatt)	Sehnsucht nach dem Vergangenen, Anklammern, fehlender Gegenwartsbezug	Lernen aus der Vergangenheit und Herstellen eines Bezuge zur Gegenwart
Hornbeam (Weißbuche)	Mentale Erschöpfung, Ausgebranntsein	Geistige Klarheit, Abwechslung und neue Lösungen
Impatiens (drüsentragendes Springkraut)	Ungeduld, Überreizung, überzogenes Reagieren	Innere Unabhängigkeit, Geduld, gute Auffassungsgabe

Bach-Blüte	Symptom	Erreichbares Ziel
Larch (Lärche)	Minderwertigkeitsgefühle und Verzagtheit	Durchhaltevermögen, nüchterne Einschätzung
Mimulus (gefleckte Gauklerblume)	Schüchternheit und kleine Ängste	Gelassenheit, persönliche Tapferkeit und Überwindung von Ängsten
Mustard (Wilder Senf)	Anfälle tiefer Traurigkeit, Melancholie	Heiterkeit und Stabilität
Oak (Eiche)	Kampfesmüdigkeit und mangelnde Standfestigkeit	Ausdauer, Belastbarkeit, Selbstüberwindung
Olive (Olive)	Erschöpfung und körperliches und geistiges Ausgelaugtsein	Vitalität, Zugriff zu den Energiereserven
Pine (schottische Kiefer)	Schuldgefühle, Selbstvorwürfe	Man akzeptiert die eigene Unzulänglichkeit, kann sich und anderen vergeben
Red Chesnut (Rote Kastanie)	Übertriebene Sorgen um andere	Ausstrahlung positiver aufbauender Gefühle
Rock Rose (Gelbes Sonnenröschen)	Innere Panik, tiefe Angst	Mut, über sich selbst hinauswachsen können
Rock Water (Felswasser)	Unterdrückte Bedürfnisse, Dogmatismus, Märtyrertum	Lebensfreude, innere Freiheit
Sklerantus (Einjähriger Knäuel)	Unausgeglichenheit und Unschlüssigkeit	Konzentrationskraft und Entschlossenheit
Star of Bethlehem (goldiger Milchstern)	Schock, Trauer, körperliche und seelische Erschütterungen	Aktivierung der Selbstheilungskräfte
Sweet Chesnut (Edelkastanie)	Das Gefühl von Ausweglosigkeit und tiefster Verzweiflung	Die Erkenntnis, dass es immer einen Weg gibt
Vervain (Eisenkraut)	Selbstaufgabe, Übereifer, Reizbarkeit	Energie kann gezielt eingesetzt werden, Begeisterungsfähigkeit
Vine (Weinrebe)	Übertriebene Willenskraft, Rücksichtslosigkeit, Machtgier und autoritäres Verhalten	Hilfsbereitschaft und Führungsqualitäten
Walnut (Walnuss)	Unsicherheiten vor einem Neubeginn, Zukunftsangst	Zielgerichtetheit, sich selbst treu bleiben
Water Violet (Sumpfwasserfeder)	Einsamkeit und Isoliertheit, Überlegenheitsgefühl, Stolz	Toleranz und Aufgeschlossenheit
White Chesnut (Rosskastanie)	Unfruchtbare Grübeleien, Introvertiertheit	Ausgeglichenheit und Konstruktivität
Wild Oat (Waldrespe)	Ziellosigkeit, Unbestimmtheit, Abenteuerlust	Hilfreich auf der Suche nach dem Lebensziel
Wild Rose (Heckenrose)	Teilnahmslosigkeit, Resignation, innere Kapitulation	Vitalität, neue Interessen, Ansporn und Freude
Willow (Gelbe Weide)	Verbitterung und Groll, das Gefühl, zu kurz gekommen zu sein, Opferhaltung	Selbstverantwortung, Verständnis für die Polarität des Lebens
Rescue (1. Hilfe-Tropfen)	Schreck, Schock, Lampenfieber, Anspannung, Aufregung	Balanciert das Gleichgewicht der Kräfte wieder aus

Die einfachste Methode, Bach-Blüten-Essenzen anzuwenden, besteht darin, sie tropfenweise über den Tag verteilt einzunehmen. Die empfohlene Standarddosierung liegt bei vier mal vier Tropfen, am besten morgens auf leeren Magen, mittags vor dem Essen, nachmittags und noch einmal vor dem Zubettgehen. Man kann auch die Tropfen in ein Glas Wasser geben und über den Tag verteilt schluckweise trinken. Beobachten Sie Ihr Befinden dabei, und wenn sich Ihr Zustand verbessert hat, stellen Sie die Einnahme ein. Die Wirkung kann schon nach wenigen Stunden eintreten oder erst nach Tagen. Erfreulicherweise sind Nebenwirkungen nicht beobachtet worden, und Wechselwirkungen zu anderen Medikamenten bestehen ebenfalls nicht. Neben der Einnahme ist auch eine äußerliche Anwendung möglich, z. B. bei Hautkrankheiten, Verbrennungen, Ausschlägen oder Verletzungen. Hier werden vier bis sechs Tropfen entweder direkt auf die Haut aufgetragen oder in einem halben Liter Wasser für das Befeuchten von Umschlägen gegeben. Auch mit neutraler Salbengrundlage können Sie Bach-Blüten-Essenzen vermischen. Für eine Ganzkörperbehandlung geben Sie vier bis sechs Tropfen des gewählten Konzentrats in ein warmes Vollbad.

Eine sehr sparsame Methode besteht darin, das Fläschchen selbst für eine Weile am Körper zu tragen, doch hierfür muss man sehr sensitiv auf die zarten Schwingungen der Essenz reagieren. Nichtsdestotrotz können Sie aber einmal probieren, welche Wirkung ein Fläschchen der Bach-Blüte Ihrer Wahl hat, wenn Sie es nachts in die Nähe Ihres Bettes, etwa auf den Nachttisch, stellen. Im Schlaf ist unser Bewusstsein bereit, mehr und feinere Dinge wahrzunehmen als im Wachzustand, wenn der Verstand die Kontrolle übernimmt. Achten Sie dabei auf Ihre Träume.

Hinweis Viele alternative Heiler setzen Bach-Blüten ein. Fragen Sie danach.

Wiegenlied und Trommelrhythmus

Ein kleines Kind weint und kann nicht schlafen. Selbst die unmusikalischste Mutter wird es hochnehmen, im Arm wiegen und leise summen. Wiegenlieder, Schlaflieder gibt es unzählige, ob traditionelle oder klassische, gesungene oder gespielte: »Schlaf, Kindchen, schlaf…« Dass Musik auf das Gemüt wirkt, wissen wir alle. Dass das Gemüt auf die Gesundheit wirkt, daran müssen wir uns erst wieder erinnern. Töne entstehen durch Schwingung der Luft. Wenn sie auf uns treffen, schwingen wir mit ihnen. Viele Laute zusammen ergeben, so sie harmonisch aufeinander abgestimmt sind, Musik. Auf Seite 87 haben wir schon ihre heilende Macht kennen gelernt.

Die hörbaren Töne schwingen in einer Frequenz von 16 bis 20.000 Hertz (Schwingung pro Sekunde), in diesem Bereich nehmen wir sie als Laute wahr. Unter etwa 16 Hertz hören wir ein Pulsen, das eine außerordentlich starke Wirkung auf den menschlichen Organismus hat. Nicht zu vergessen unser eigener Puls. Er liegt beim gesunden Menschen bei ziemlich genau 1 Hertz, einem

Schlag pro Sekunde, 60 Schlägen in der Minute. Und nun fragen Sie sich, warum unsere Zeiteinheit in Sekunden gemessen wird? Der Puls ist der älteste eigene Zeitgeber des Menschen, nach ihm leben wir. Wir kommen außer Takt, wenn wir uns beispielsweise aufregen, dann wird der Herzschlag schneller. Entspannen wir uns, sinkt die Frequenz. Diese ganz schlichten Erkenntnisse nutzte der erste Schamane dieser Welt dazu, um mit seiner Trommel auf sich und andere einzuwirken. Denn auch ein von außen auf uns einwirkender Puls macht sich körperlich bemerkbar. Musik, die mit einem langsamen Takt oder Rhythmus unterlegt ist, wirkt beruhigend, schnelle Rhythmen regen an oder auf – bis hin zur Aggressivität.

»Musik ist eine höhere Offenbarung als alle Weisheit und Philosophie.«

Beethoven

Musik ist eine äußerst komplexe Kunst, die aus den verschiedensten Komponenten besteht, und jede einzelne hat ihre ganz spezifische Wirkung. Lautstärke, Tonhöhe, Obertöne, Harmonie oder Dissonanz, Takt, Rhythmus, Melodie, Instrumentierung und schließlich auch der Text spielen zusammen und erzeugen beim Zuhörer bestimmte Gefühle. Denn ähnlich wie der Geruchssinn steht auch der Hörsinn mit dem limbischen System in Verbindung.

Musik ist eine uralte Therapieform. Über dem Kranken wurde gesungen oder getrommelt, um die Geister zu vertreiben oder die heilenden Kräfte herbeizurufen. Die Harmonielehre der Tonintervalle wurde von den griechischen Ärzten als Abbild der kosmischen Harmonie gesehen und als Therapie eingesetzt. Andere Völker und Kulturen verfeinerten das Heilwissen um die Musik immer weiter.

In unserem Kulturkreis allerdings verschwand im Fortschritt neuzeitlicher Erfindungen, Entdeckungen und Entwicklungen der Einsatz von Musik als therapeutischem Mittel. Erst in unserer Zeit besann man sich nach und nach wieder auf die Wirkungsweise der Musik, und inzwischen gibt es geradezu wissenschaftlich verbrämte Ansätze einer medizinischen Musikresonanz-Therapie. Wie allem auf diese Weise Analysiertem und teuer Vermarktetem gebricht es ihr aber an jeglichem Charme – am Zauber.

Zauberharfe und magische Flöten

Orpheus, dessen geliebtes Weib Eurydike starb, machte sich mit seiner Harfe auf, den Gott der Unterwelt zu bezaubern, damit er sie wieder freigäbe. Es gelang ihm.

Der keltische Göttervater spielte ebenfalls eine Zauberharfe, die wahlweise die Zuhörer einschlummern, trauern oder lachen ließ.

Und Mozart hat uns letztendlich die »Zauberflöte« geschenkt, in der es heißt: »Der, welcher wandelt diese Straße voll Beschwerden, wird rein durch Feuer, Wasser, Luft und Erden.«

Magische Musik spielt in den Überlieferungen eine große Rolle. Mit Recht, wie wir gesehen haben. Doch die Wirkung des musikalischen Zaubers ist ein wenig geschmacks- und situationsabhängig, denn wer von welcher Musik wann und wie beeinflusst wird, ist sehr unterschiedlich. Darum werden Sie hier auch keine »Musikapotheke« vorfinden, in denen Beethoven gegen Kopfschmerz oder Pink Floyd gegen Schuppenflechte empfohlen wird. Aber in dem Raster der vier Elemente kann man zumindest Instrumente und Stilrichtungen zuordnen und damit ihre Wirkung grob umschreiben.

Überprüfen Sie Ihren Musikbestand, und ordnen Sie Ihre Lieblingsstücke diesen vier Kriterien zu. Dann haben Sie schon mal einen guten Grundstock, um sich selbst zu behandeln und im Krankheitsfall Ihre Genesung zu unterstützen.

Element	Instrument	Musikstil	Wirkung
Luft (Geist)	Alle Arten von Flöten, Harfen, Windspiele, Orgeln und große Chöre, aber auch Blätterrauschen und Vogelzwitschern	Zarte, ätherische und melodische Stücke in Dur-Tonlagen oder streng mathematische Kompositionen, z. B. Fugen oder gregorianische Gesänge	Geistig anregend, heiter, erfrischend, die Konzentration und Meditation fördernd, aber auch erhebend, das Gefühl für das Heilige, das Heilende weckend
Feuer (Willen)	Fanfaren, Trompeten, Hörner, Dudelsack, E-Gitarre	Marschmusik, rhythmisch betonte Tanzmusik und Folklore, auch Rockmusik	Anfeuernd, anregend, ermutigend, aufbauend, zu Bewegung auffordernd, die körperliche Koordination fördernd
Wasser (Gefühle)	Laute, Mandoline, Geige, Klavier, Glockenspiel, Solostimmen, aber auch Regentropfen, Meeresrauschen	Melodisch fließende Stücke, durchaus in Moll-Tonlagen, Balladen, Wiegen- und Liebeslieder, Walzer, Blues	Besänftigend, lösend, öffnend, einschläfernd, entspannend, hingebend, aber auch Trauer und Tränen freisetzend
Erde (Körper)	Trommeln, je größer, desto besser, große Gongs und Glocken, Rasseln, Didgeridoos, Klangschalen	Stark rhythmisch betonte Stücke mit einfachen Melodien oder Tonfolgen, Ethnomusik, Mantras und Chants, Gospels	Stabilisierend, beruhigend, festigend, sich erdverbunden und geduldig fühlen, aber auch Trance fördernd

Praxis: Zuhören oder selbst musizieren

Wir stehen auch bei der Musik vor dem gleichen Problem wie bei der Farbwahrnehmung und den Gerüchen: zu viele Geräusche berieseln uns. Manches können wir leider nicht abstellen, Verkehrslärm beispielsweise oder die Maschinengeräusche am Arbeitsplatz. Dass diese Geräusche als krank machend erkannt wurden, zeigt die Lärmschutzverordnung. Andere Berieselungen können Sie aber durchaus steuern. Machen Sie doch einfach das Radio oder den Fernseher mal aus. Mit den darin eingesetzten Musikstücken werden Sie nämlich unterschwellig manipuliert. Heilen kann Musik nur, wenn sie bewusst eingesetzt und wahrgenommen wird. Darum ist Stille die erste Voraussetzung für eine Therapie mit Klängen und Tönen.

Musiktherapie kann passiv oder aktiv durchgeführt werden. Passiv verläuft sie, wenn Sie einfach nur zuhören. Damit es nicht nur eine Berieselung wird, binden Sie das Musikhören in einem solchen Fall in ein kleines Ritual ein.

Schaffen Sie sich eine ruhige Atmosphäre, zünden Sie eine Kerze an, vielleicht schon passend in der Farbe zu der beabsichtigten Wirkung; auch sollte sich etwas darauf abgestimmter Duft im Raum verbreiten. Entspannen Sie sich durch mehrmaliges tiefes Atmen, und geben Sie sich ganz der Musik hin. Lassen Sie die Gefühle und Bilder aufsteigen, die sie weckt. Lassen Sie die Energie fließen, die durch die Musik in Ihnen frei wird.

Später sollten Sie darüber nachdenken, was Sie empfunden und erlebt haben. Denn das, was dabei buchstäblich aus Ihrem Inneren »aufgetaucht« ist, gibt Ihnen wertvolle Hinweise, wo die Ursachen von Störungen liegen.

Sich aktiv mit Musik zu beschäftigen ist besonders wirkungsvoll. Ob sie nun ein Instrument spielen oder sich zur Musik bewegen, ist Geschmacks- und Veranlagungssache. Wenn Sie mit einem gebrochenen Bein im Sessel sitzen, ist ein archaischer Stampftanz nicht gerade der Heilung dienlich. Aber was spricht dagegen, mit den Händen zu tanzen? Bei all dieser aktiven Beschäftigung mit Klängen, Rhythmen und Melodien sind Sie natürlich frei von allen Regeln und Vorschriften. Improvisieren Sie, niemand verlangt korrekte Tonleitern oder ausgefeilte Choreografien von Ihnen. Wichtig ist, dass Ihr Körper die Musik produziert und/oder interpretiert.

Und hinterher denken Sie wieder darüber nach, was das alles in Ihnen bewegt hat. Was Sie für gut befunden haben, behalten Sie am besten bei.

Und wenn Sie andere Interessierte finden, die sich an diesen Tanz- oder Musizierübungen beteiligen wollen, dann werden Sie wahrhaft magische Erlebnisse haben.

Hinweise Musik- und Klangtherapie wird von alternativen Heilern und Physiotherapeuten bei zahlreichen Beschwerden eingesetzt.

Der Kreis des Lebens

Kommen wir abschließend zur Zusammenführung aller bisher genannten Techniken, die das »Heil-Werden« unterstützen und dabei helfen, sich selbst und die eigene Ordnung zu finden. Das weltumspannende Symbol für Ganzheit ist der Kreis. Kein Wunder, denn bei genauer Beobachtung ist alles rund, verläuft alles kreisförmig: Die Sonne zieht ihre Bahn kreisförmig über den Himmel, der kreisrunde Mond ebenfalls. Die Planeten bewegen sich im Kreistanz um die Sonne, die Galaxien wirbeln in Spiralbahnen um ihren Mittelpunkt. Wenn Sie auf einem Berg stehen, sehen Sie im Umkreis die Welt zu Ihren Füßen liegen, und welche Handbewegung machen Sie, wenn Sie sagen: »Das alles...«? Die ewige Wiederholung der Jahreszeiten bildet einen Kreis; wenn Sie auf die Uhr schauen, lesen Sie die Zeit an einer kreisrunden Scheibe ab. Der Kreislauf vom Werden und Vergehen durchzieht unser ganzes Leben. Der Kreis mit seinem Mittelpunkt ist ein Mandala.

»Das persönliche Mandala stellt den Individuationsprozess (die Selbstwerdung) eines Menschen dar; gleichzeitig enthält es Aspekte einer religiösen, spirituellen und psychologischen Symbolik.«

Anneke Huyser

Die hohe Kunst, Mandalas zu gestalten, kommt aus Indien und Tibet, wo sie zu den religiös-meditativen Praktiken gehört. Der Begriff selbst stammt aus dem Sanskrit und bedeutet so viel wie magischer Kreis, Rad, das Wesentliche, Zentrum. Doch wenn auch in diesen Kulturkreisen dem Mandala eine ganz spezielle kultische und künstlerische Bedeutung zukommt, so finden sich diese kreisförmigen Gebilde auch in allen anderen Ländern und seit frühesten Zeiten. Ob Medizinrad der Indianer, Rosettenfenster in christlichen Kirchen, Steinkreise aus dem Megalithikum, die Tierkreisdarstellung der Astrologen und der magische Schutzkreis innerhalb der vier Himmelsrichtungen – sie alle sind Mandalas, geometrisch aufgeteilte Kreise, deren Muster sich um eine Mitte gruppieren. Die Menschen, Künstler, Priester, Magier, Schamanen, Seher und Weise, aber auch viele Handwerker haben sich mit Mandalas beschäftigt und ihre heilende, ordnende Wirkung verspürt.

Wie so häufig und wie wir zum wiederholten Male erkennen, musste auch diese Wirkungsweise in unserer Zeit erst wieder neu entdeckt werden. Dem Psychologen C.G. Jung (1875–1961) gebührt das Verdienst dafür, denn er führte den Begriff Mandala in unseren Sprachgebrauch ein. Er beschäftigte sich selbst mit diesem Symbol und setzte es dann bei seinen Patienten ein und stellte sowohl an sich wie auch an anderen fest, dass er damit große therapeutische Resultate bei Menschen erzielte, die sich in Belastungssituationen befanden.

Die heilende Wirkung dieses Symbols der Ganzheit beruht darin, dass die bewusste Beschäftigung mit einem zentrierten, geordneten Bild die eigene Zentriertheit und Ordnung im Unbewussten unterstützt und somit dem Menschen hilft, allmählich zu immer größerer Ganzheit zu wachsen und zu reifen. Strukturiertheit und Besinnung auf die eigene Mitte, den Wesenskern – das sind die wahren Heilkräfte des Menschen. Seien Sie der Mittelpunkt des Kreises, und Sie werden feststellen, dass um Sie herum eine bunte, vielgestaltige Ordnung existiert.

Rituelles Mandalamalen

Ein Mandala lebt nicht nur von der Form, sondern auch von der Farbgebung. Zusammen mit Düften, Klängen und anderen symbolischen Hilfsmitteln können Sie mit der Gestaltung Ihres persönlichen Mandalas ein echtes Heilritual zelebrieren. Doch bevor Sie anfangen, Ihre Malutensilien zusammenzusuchen, sollten Sie sich Gedanken machen, was Sie mit der Handlung bezwecken wollen. Beantworten Sie also die klassische Frage der Heilkundigen: »Was fehlt Ihnen?« Seien Sie so aufrichtig wie möglich. Wenn Sie sich z.B. einsam fühlen, dann fehlt Ihnen Gesellschaft; wenn Sie sich verletzt fühlen, fehlt Ihnen Trost; wenn Sie sich schwach fühlen, fehlt Ihnen Kraft; wenn Sie Schmerzen haben, fehlt Ihnen die Möglichkeit, diese Schmerzen zu bewältigen; oder wenn Sie sich ängstlich fühlen, fehlt Ihnen Mut. Haben Sie für sich herausgefunden, was Ihnen fehlt, dann suchen Sie alles zusammen, was Ihnen das Element geben kann, woran es Ihnen im Augenblick mangelt. Sie haben zuvor eine Reihe von Zuordnungen und Vorschlägen gefunden, mit denen Sie sich ein ganzheitliches, aufeinander abgestimmtes Ritual zusammenstellen können. Das beginnt bei den Farben oder Materialien, die Sie verwenden möchten, dem Duft, der den Raum dabei erfüllt, der passenden Hintergrundmusik, möglicherweise der ganz bewussten Einnahme von Bach-Blüten-Essenzen, der Farbe der Kerzen und/oder Ihrer Kleidung. Gegebenenfalls möchten Sie sich dabei auch der magischen Kraft der Götter, Geister oder Tiere dabei bedienen und jene um Hilfe bitten, deren Eigenschaften die Ihren ergänzen mögen.

Auch sollten Sie darüber nachdenken, in welcher Form Sie das Mandala gestalten möchten. Ihrer Kreativität können Sie dabei freien Lauf lassen. Ob Sie zu Wasserfarbe und Pinsel greifen, Buntstifte wählen, die Ölfarben mischen oder im Airbrushverfahren arbeiten wollen, ist Ihre Angelegenheit. Wenn Sie lieber Kollagen anfertigen wollen oder ganz klassisch für die Mandalaherstellung farbige Sandbilder streuen möchten, auf Leinen sticken oder aus Blütenblättern Mosaike legen, Patchworkarbeiten oder Porzellanmalerei betreiben, ist das durchaus in Ordnung – nur farbig sollte es sein und originell, eben Ihr ganz eigener Entwurf. Nur wenn Sie sich völlig ausgebrannt fühlen und sich keine eigene Idee einstellen will, sollten Sie vorgefertigte Mandalas ausmalen. Der therapeutische Ansatz ist sehr viel geringer, wenngleich das Ausmalen beruhigend und ordnend wirkt.

Und vergessen Sie nicht: Ein Mandala ist keine schnell wirkende Pille. Es ist ein tief greifendes Therapeutikum, das seine Zeit benötigt, um seine erstaunliche Wirkung zu entfalten. Mit einem Bild ist es nicht getan; man muss sich wiederholt mit der ordnenden, zentrierenden Kraft, die darin steckt, auseinander setzen. Doch wenn man die Geduld dazu aufbringt, hilft das Mandala vor allem in Phasen des Umbruchs, bei Trauer und Verlust, bei Zukunftsangst, nach erschütternden Erlebnissen, bei Ausgebranntsein, bei Ziellosigkeit und dem Gefühl, den Boden unter den Füßen verloren zu haben. Sofern jedoch keine gravierenden Probleme anstehen, wirkt sich die künstlerische, die schöpferische Tätigkeit, die mit dem Entwerfen eines Mandalas einhergeht, ausgesprochen positiv auf die Lebensgestaltung aus. Es macht gelassen und stabilisiert, hilft, sich auf die Kreisläufe des Lebens einzustimmen, den Sinn von Wiederholungen zu erkennen und nötigenfalls aus einem Teufelskreis auszubrechen. Denn Kunst ist magisch.

Praxis: So gestaltet man ein Mandala

Ein Mandala zu gestalten ist im Grunde sehr einfach. Sie benötigen einen Zirkel und ein Lineal. Natürlich können Sie den Kreis auch frei ziehen, falls Ihnen das gelingt. Mit dem Zirkelschlag haben Sie allerdings den Vorteil, dass der Mittelpunkt von vorneherein festliegt. Ein Mandala zu gestalten erfordert eine gewisse Ordnung, wie wir gesehen haben, und darum sollte die Basisfigur diesen wenigen Grundsätzen genügen. Umfang und Mittelpunkt legen Ihre Grenzen fest. Für den Anfang mag es ebenso hilfreich sein, die Kreisaufteilung festzulegen. Die einfachste Aufteilung ist die Viertelung, die Sie durch zwei senkrecht aufeinander stehende Linien erhalten, die sich im Mittelpunkt kreuzen. Ob Sie sich nun von außen nach innen vorarbeiten oder von der Mitte nach außen, liegt bei Ihnen. Doch sollten Sie in jedem Fall darauf achten, dass sich die Muster in den vier Segmenten des Kreises jeweils wiederholen.

Der besondere Reiz eines Mandalas liegt in seiner Symmetrie, denn die Wiederholung eines einmal gewählten Musters bringt die eigentliche Entspannung. Lassen Sie also Ihren Gedanken dabei freien Lauf, und Ihre Hände sollten wie von selbst die Farben aussuchen.

Wenn Sie sich aufwändigere und kompliziertere Muster vornehmen, können Sie den Kreis selbstverständlich auch in mehrere Segmente unterteilen. Besonders anspruchsvoll sind ungerade Teilungen, etwa gefünftelte oder gesiebtelte Kreise.

Es mag sein, dass während der Beschäftigung mit dem Mandala die Welt um Sie herum völlig für Sie versinkt; das ist ein gutes Zeichen. Sie werden anschließend auch eine ganz neue Sichtweise für Ihre Umgebung bekommen. Sie werden Ordnung und Symmetrie dort erkennen, wo Sie sie zuvor nicht wahrgenommen haben. Sie werden Mandalas überall entdecken, in der Natur, im Haushalt, in der Architektur, in technischen Geräten – und in Ihren Träumen.

Wenn Ihre Mandalas Ihnen gefallen, dann rahmen Sie sie. Sie haben damit immer ein Teil von sich selbst vor Augen, ein Bild Ihrer persönlichen Ganzheit.

Hinweis Es gibt Psychotherapeuten, die mit Kunsttherapie arbeiten, um ihren Patienten zu helfen, Krisen zu bewältigen.

Macht und Verantwortung

Nicht alles ist heilbar, das kann weder die wissenschaftliche Medizin versprechen, noch können es die alternativen Heilmethoden. Heil-sein ist ein Bewusstseinszustand, der nichts mit gebrochenen Beinen, Diabetes oder Krebs zu tun hat. Auch ein Schicksal zu akzeptieren bedeutet heil sein.

Weiße Magie – heilende Magie

»Die okkulte Medizin beruht vor allem auf Sympathie. Es muss ein wechselseitiges Verhältnis oder zumindest ein wirklich guter Wille zwischen Arzt und Kranken hergestellt werden.«

Eliphas Lévi

Weißmagische Heilkunst – ist das Heilen durch Wunder? Sie haben gesehen, dass es viele unterstützende Maßnahmen gibt, um Heilung möglich zu machen. Manchmal mag die eine oder andere Maßnahme tatsächlich Wunder – unerklärliche, spontane Genesungen – bewirken. Aber wann das so ist und warum, das ist nicht vorhersagbar, denn es ist eine Wechselwirkung zwischen den äußeren Faktoren und dem, was der Mensch davon bereit ist, wahrzunehmen und auf sich wirken zu lassen. Es gibt einige ganz grundlegende Erkenntnisse, die ganz langsam wieder in das medizinische Wissen Einkehr halten. Sie hören sich meist schlicht an und sind beinahe Binsenweisheiten, so dass man sie eben gerne übersieht.

Da ist beispielsweise das Gefühl der Trauer und des Verlustes. Das gebrochene Herz, an dem man angeblich nicht stirbt. Und doch kann genau das passieren, wenn die Erschütterung so groß ist, dass der Betroffene keinen Lebenswillen mehr hat. Zumindest ist aber nachgewiesen, dass tiefe Trauer die Abwehrkräfte schwächt und anfälliger für Erkrankungen jeder Art macht. Andauernde Unzufriedenheit und ständig unterdrückter Ärger in wesentlichen Bereichen des Lebens, vor allem Beruf, Familie, Beziehung, sind ebenfalls ein Grund, warum Krankheiten vermehrt auftreten. Sie sind unbewusste (manchmal sogar bewusste) Fluchtreaktionen, um sich aus einer unerträglichen Situation zurückziehen zu können.

Das Gefühl, keine Kontrolle über sein Leben zu haben, abhängig von Umständen und Personen zu sein, von den Verhältnissen überfordert zu werden, hilflos und frustriert der ganzen Welt ausgeliefert zu sein, fördert die Neigung, krank zu werden. Eine negative Grundeinstellung wirkt sich nachweislich auf die Körperchemie und damit auch auf das Immunsystem aus.

Darüber hinaus sollte man nicht vergessen, dass Angst der schlimmste Begleiter einer Krankheit ist. Wenn man sich schlecht fühlt, das Befinden auf unangenehme Art gestört ist, Schmerzen auftreten, die Handlungsfreiheit plötzlich eingeschränkt ist, die Wahrnehmung sich durch Fieber oder Schwindel verzerrt, dann schleicht sich Angst ein. Angst löst körperliche Reaktionen aus, und zwar eine ganze Menge. Und fast alle wirken der Heilung entgegen. Der Blutdruck steigt, das Herz schlägt schneller, der Atem geht hektisch, der Körper ist im Alarmzustand. Oder es kommt zu Schweißausbrüchen oder zu extremer Blässe. Die Muskeln fangen an, unkontrolliert zu zittern, der Magen oder der Darm krampft sich zusammen, und das Atmen fällt schwer. Nun sind das an für sich sehr sinnvolle Reaktionen, die Flucht- oder Kampfreflexe unterstützen. Vor einer Krankheit kann man jedoch nicht physisch weglaufen oder mit dem Knüppel auf sie schlagen und sich dadurch abreagieren. Die Angst bleibt, frisst sich fest und wird zur Sorge. Mit ihr bleibt die körperliche Anspannung und die seelische Belastung.

Es ist das Dunkle der Seele, der verletzten, wehrlosen, gekränkten Seele, die das »Un-Heil« anzieht. In dieses Dunkel gilt es Licht zu bringen oder, wie man es ganz richtig ausdrückt: das Heil.

Lichtheilung – und ihr Schatten

Landläufig versteht man unter »Weißer Magie« gerne das Arbeiten mit den verschiedenen Lichtgestalten. Heilige, Engel, erleuchtete Meister oder Erlöser sind es, zu denen gebetet wird, die angerufen und die um Hilfe gebeten werden. In diesem Buch haben Sie davon nicht sehr viel gefunden, sondern überwiegend praktische Hinweise und Techniken, die den Heilungsprozess unterstützen können. Sie können allerdings auch dazu dienen, den Kontakt zu eben diesen Lichtgestalten herzustellen.

Für diejenigen unter Ihnen, die fest in dem Glauben an diese Kräfte verankert sind, und für all jene, die mit einem tiefen, unerschütterlichen Glauben leben, kann das darin eingebettete Gebet und das Vertrauen in jene »Heilande« Heilung bringen. Es geschah mehr als einmal und wird auch immer wieder passieren. Das Wissen, dass es eine lenkende Hand gibt, die zum Licht führt, gibt die notwendige Geborgenheit. Denn Glaube, Liebe und Hoffnung sind die Wirkstoffe des heilsamsten Medikamentes, das die Religionen anzubieten haben.

»Die Menschen erflehen von den Göttern Gesundheit und wissen nicht, dass sie in ihrer Hand liegt.«

Demokrit

Ein tiefer, aufrichtiger Glaube an das wahrhaft Gute ist beinahe so etwas wie eine Gabe. Erzwingen kann man ihn nämlich nicht. Denn weder die Realität noch die Erfahrungen mit den eigenen Unzulänglichkeiten helfen dem gewöhnlichen Zweifler, sich auf die Vorstellung eines ausschließlich lichtvollen Universums zu verlassen. Er sieht auch die Schatten.

Wovor ich Sie an dieser Stelle schließlich warnen möchte, sind jene Licht-und-Liebe-Heiler, die die Notlage derer ausnutzen, die verzweifelt einen Weg suchen, aus ihrer eigenen seelischen Verstrickung herauszukommen. Wer erwartet, dass ein »Heiler« diese Kraft für sie herbeiruft, damit dann diese Lichtgestalt mit Liebe alles heilt, gibt damit die Verantwortung für den eigenen Körper und seine Heilung ab.

Diese Art von magischer Heilung ist problematisch und funktioniert nur bei denen, die entweder sehr tief oder sehr leichtgläubig sind. Wer aber sowieso tief gläubig ist, braucht keinen Heiler als Vermittler zwischen sich und dem Göttlichen. Und wer leicht alles glaubt, der verliert seinen Glauben ebenso leicht wieder, womit ihm auf Dauer auch nicht geholfen ist.

Der Glaube an sich heilt

Wir haben bei dem Streifzug durch die magischen Weltbilder oder religiösen Vorstellungen der Vergangenheit gesehen, dass der Glaube ein wichtiger Bestandteil aller Heilungsvorgänge ist. Zwar mag unser Wissen mit zunehmender Entwicklung des menschlichen Geschlechts immer umfangreicher geworden sein, doch gemessen an dem, was der Einzelne wirklich weiß und nachvollziehen kann, überwiegt auch heute noch der Glaube.

Die Aussage: »Ich glaube an gar nichts!« oder »Ich glaube nur an das, was ich sehen und beweisen kann!« darf man getrost belächeln. Denn auch die Vorstellung, dass wir keine Seele haben, dass es keine Götter gibt, dass nach dem Tod von uns nichts mehr übrig bleibt außer einem Häuflein Knochen, ist nur ein Glaube. Kein sonderlich tröstlicher zwar, aber immerhin ein Glaube.

Es ist, um mit sich selbst ins Reine zu kommen, schon erheblich heilsamer, eine etwas hoffnungsvollere Erklärung für die eigene Existenz zu haben. Denn es zeigt sich immer wieder, dass jene, die sich in die Sinnhaftigkeit des Seins eingebunden fühlen, auch mit verständnisvollerem Blick die Ursachen ihrer Krankheiten erforschen können als jene, die nur um die Sache bemüht sind.

»Wenn jemand Gesundheit sucht, frage ihn erst, ob er bereit sei, künftighin die Ursachen seiner Krankheit zu meiden, erst dann darfst du ihm helfen.«

Sokrates

Wir sind ein Wunderwerk der Schöpfung, und es gibt heilende Quellen, aus denen man Kraft schöpfen kann, wenn man ihrer bedarf. Wir haben die Möglichkeit, an uns selbst zu glauben; wir haben zudem die Macht, unsere Wahrnehmung zu verändern, unser Bewusstsein auszudehnen, uns dem Verborgenen in uns zu öffnen und die Verknüpfungen in dem schwingenden Wirkmuster des Lebens zu erkennen und zu nutzen.

Das ist die Kunst der Magie. Sie ist, wenn man das beherzigt, immer lichtvoll, heiter – eben »weiße Magie«, die die Schatten nicht leugnet und sich ihnen stellt.

Es hat sich gezeigt, dass Freude und Heiterkeit die Heilung fördern. Eine freundliche, heitere Atmosphäre wirkt sich auch auf die Stimmung aus. Man kann sie bewusst und mit vielerlei Hilfsmitteln erschaffen. Eine positive Grundeinstellung stärkt das Immunsystem. Dabei hilft die Entspannung, sich den Ängsten zu stellen und ihnen auf distanziertere Weise zu begegnen. Wir können also unser Bewusstsein einsetzen, um uns auf die förderlichen, heilsamen Schwingungen, die uns umgeben, einzustellen, ob die der Pflanzen oder Kristalle, der großen oder kleinen Rhythmen. Wir können die inneren Bilder heraufbeschwören, die uns Hinweise über die Ursachen der Krankheiten geben; wir können selbst Bilder in das Unbewusste schicken, die die Heilung erleichtern.

Aber auch das Wissen darum, dass man eine Aufgabe zu erfüllen hat, ist ein gewaltiger Antrieb, gesund zu werden und zu leben. Denn eine lohnende Aufgabe im Leben zu finden, ist Angelegenheit eines jeden von uns.

»Was man nicht bewusst berührt,
geschieht als Schicksal.«

Stephen Arroyo

Und nicht zuletzt hilft die soziale Verantwortung, nämlich die Tatsache, dass man gebraucht wird, dass man für andere wichtig ist, ob es sich nun um Freunde oder Verwandte oder auch geliebte Tiere handelt. Und Liebe kann jeder geben.

Dass positive Erwartungen und Haltungen das Leben tatsächlich verlängern, zeigen u.a. die Untersuchungen über die so genannte Sterbelücke vor wichtigen Feiertagen. Hier fällt nämlich auf, dass Sterbende in der Lage sind, willentlich ihr Leben so lange zu verlängern, bis ein ersehnter Tag und vielleicht das Wiedersehen mit geliebten Menschen noch einmal erlebt wird.

Fassen wir zusammen:

- Der Glaube daran, dass es etwas gibt, wofür es sich lohnt zu leben,
- der Glaube an die eigenen Kräfte und deren Kontrolle
- und das Wissen, dass man geliebt wird und dass man Liebe geben kann, das ist es, was die Selbstheilungskräfte am meisten anregt.

Eine Krankheit ist immer ein Zeichen eines Ungleichgewichts im Leben, und damit ist sie auch immer die ganz große Chance, nach dem Gleichgewicht bewusst zu streben und Körper, Geist und Seele in Harmonie zu bringen.

Heilen anderer – Mitgefühl oder Wichtigtuerei?

»Du verstehst doch etwas von Magie, kennst du nicht einen Zauber, der mich wieder gesund werden lässt?«

Auf diese flehentliche Bitte hin fällt es schwer zu antworten. Magie für andere zu wirken ist immer bedenklich, egal, wie gut gemeint es ist. Denn Wünsche gehen in Erfüllung. Wie, das ist eine andere Sache.

Schon für sich selbst kann man in einige Fallstricke geraten, wenn man nicht zuvor sehr säuberlich darüber nachgedacht hat, was man wirklich will. Für andere ist das noch problematischer. Nicht umsonst sind Heilkundige, die sich magischer Kräfte welcher Art auch immer bedienen, oft Menschen, die selbst schwere Krankheiten oder Verletzungen bewältigt haben und daraus ein tiefes Verständnis für das Leiden und die Leidensursache bei anderen erworben haben.

Wenn diese Frage also an Sie gerichtet wird, wäre es der Gipfel der Vermessenheit, einfach mit Ja zu antworten und nach eigenem Gutdünken irgendetwas zu unternehmen. Aber ein Nein ist ebenso unmöglich.

Sollten Sie also etwas von Magie verstehen und helfen wollen, dann haben Sie jetzt eine echte Aufgabe und Herausforderung. Sie müssen nämlich herausfinden, was der Kranke will und worauf er vertraut.

Am besten klären Sie das mit ihm zusammen. Und das kann zu sehr intimen Fragen führen und auch zu äußerst unbequemen Gesprächssituationen. Wenn Sie beispielsweise frei nach Paracelsus die fünf Ursachen, die Entien, untersuchen und wenn Sie nach bestem Wissen und Gewissen herausgefunden haben, welche magische Vorgehensweise infrage kommt, können Sie sie für den Kranken durchführen. Dabei wird das Wichtigste sein, ihn zur Selbsthilfe anzuregen, sein Vertrauen in seine Heilkräfte, seinen Umgang mit der Krankheit zu stärken, seinen Weg zurück in die innere Ordnung zu erleichtern.

Daneben spricht nichts dagegen, ihn in eine die Heilung unterstützende Stimmung zu versetzen; die vielen Methoden und Hilfsmittel sind in den vorherigen Kapiteln beschrieben.

»Die Suche nach sich selbst, die Entdeckung des Lebens, das zu leben dem innersten Bedürfnis entspricht, kann eine der stärksten Waffen gegen die Krankheit sein.«

Lawrence LeShan

Vor allem steht das Mitgefühl und das Verständnis, ob für die Trauer, den Schmerz oder die Ängste, da sie jedem Menschen helfen. Das gilt jedoch nicht für mitleidiges Gejammer, wie schwer er es doch hat. Manchmal muss man auch aufheitern, Mut machen, Energie schenken.

Nehmen wir einmal an, Sie hätten alles das getan, und auch die Ärzte hätten getan, was sie konnten, doch der Patient findet keine Heilung?

Dann will er vielleicht sogar krank sein. Das mag vielleicht im ersten Moment absonderlich klingen, doch auch so etwas gibt es. Wer nämlich glaubt, dass er eine Krankheit verdient hat oder dass sie das vielleicht geringere Übel gegenüber einem gesunden, aber unerträglichen Leben ist, der wird nichts an sich heranlassen, was seine Gesundung fördert.

Denn letztlich kann Heilung nur mit dem Willen des Erkrankten geschehen, und das ist es, was der magische Grundsatz aussagt: Du musst alles selbst tun!

Du musst alles selbst tun

In erster Linie soll dieses Buch Ihnen die Möglichkeiten aufzeigen, die Sie selbst haben, um Krankheit zu vermeiden oder Heilung zu ermöglichen. Alle Magie, und natürlich auch die magische Heilkunst, beruht darauf, dass man selbst Verantwortung für sich übernimmt. Das ist der schwerste, aber auch der nützlichste Schritt, den man gehen muss.

Heil werden, egal ob in einem gesunden Körper, mit einer dauerhaften Behinderung, mit einer chronischen Krankheit oder bei einer zeitweiligen Störung des Wohlbefindens, ist zuallererst ein Akt, der sich in der Seele abspielt. Auf die Seele können wir jedoch erst einwirken, wenn wir uns bewusst werden, dass wir eine haben und dass sie nach Ganzheit strebt.

Diese Ganzheit, die wir mit dem Verstand niemals völlig erfassen können, ist das Zusammenwirken von inneren und äußeren Kräften, ist die Ähnlichkeit von Makrokosmos und Mikrokosmos, das Mitschwingen in den Rhythmen von Werden und Vergehen, diese verborgene Ordnung hinter dem, was uns manchmal chaotisch und unlogisch erscheint. Wir sind ein Teil davon. Zu erkennen, dass wir nicht losgelöst existieren, ist das höchste Ziel aller Religionen, und der spirituelle Weg dorthin ist der Glaube. Der praktische Weg ist die Magie. Sie beschreibt Mittel und Methoden, die man anwenden kann, um sich diesem Ziel zu nähern. Wer den Weg des Glaubens geht, dem wird gelegentlich geschenkt, wer den Weg der Magie geht, der kann dabei auch noch selbst tätig werden.

Register

Literaturempfehlungen

Ansha: Magische Urkräfte nutzen, Ludwig 2003, ein Weg zur Selbsterkenntnis

Ansha: Die magische Welt der Kelten, Ludwig 2002, ein Buch über das magische Wissen einer hohen Kultur

Ansha: Grundkurs Pendeln, Ludwig 1999, praktische Pendeltechniken

Arroyo, Stephen: Astrologie, Karma und Transformation, Heyne 1997, zum tieferen Verständnis der astrologischen Einflüsse

Asbach, Gerda Irina: Reiki, heilende Kraft der Hände, Ludwig 1996, ein praktischer Ratgeber

Brauen, Martin: Das Mandala, der heilige Kreis im tantrischen Buddhismus, Dumont 1995, eine faszinierende Darstellung, wie ein Mandala rituell hergestellt wird

Caland, Marianne und Patrick: Weihrauch und Räucherwerk, Windpferd 1995, praktischer Ratgeber zum Räuchern, mit Element und Planetenbezug zum Räucherwerk

Casagrande, Christina und Donato: Spagyrik, Ludwig 2000, Paracelsus-Medizin im Alltag

Chang, David: Mit den Händen heilen, Südwest 1999, verschiedene Massagetechniken, die den Energiefluss anregen

Curic, Anton: Hildegard von Bingen, H+L Verlag, 1998. Lebenslauf und Kräuterwissen

Die Edda: Diederichs 1997, Standardwerk zu den germanischen Mythen

Dost, Bernd: Heilung durch ganzheitliche Medizin, Goldmann 1998

Föger, Helga: Mondwissen, Ludwig 2002, praktischer Ratgeber

Fries, Jan: Helrunar, Ananael 1995, ein sinnreiches Handbuch der Runenmagie

Gebelein, Helmut: Alchemie, Diederichs 2000, ein Buch, das die Verbindung vom Mittelalter in die Gegenwart herstellt

Harner, Michael: Der Weg des Schamanen, rororo 1998, ein praktischer Führer zur inneren Heilkraft

Heller, Eva: Wie Farben wirken, rororo 1999, ein äußerst informatives Werk über Bedeutung und Wirkung von Farben in Kunst, Geschichte und Umwelt

Holloway, Gillian: Der Traumführer – Wege zum Selbst, Herder 1998, eine Anleitung, um selbst Träume zu entschlüsseln

Huyser, Anneke: Das Mandala-Arbeitsbuch, Goldmann 1996, Erklärungen zur psychischen Wirkungsweise von Mandalas

Jung, C.G.: Archetypen, dtv 1997, ein Klassiker zu diesem Thema

Jung, C.G.: Traum und Traumdeutung – der Klassiker!

Labacher, Julia: Heilsteine, Südwest 1998, kleines, kompaktes Kompendium über die wichtigsten Steine und ihre Wirkung

Milz, Helmut: Mit Kopf, Hand, Fuß, Bauch und Herz, Piper 1994, Aufsätze über ganzheitliches Heilen

Müller-Mees, Elke: Farben – heilsam und gesund, Knaur 2000, Theorie und Praxis zum Einsatz von heilenden Farben

Paturi, Felix R.: Heilbuch der Schamanen, Ludwig 1999, ein praktischer Ratgeber

Peschek-Böhmer, Dr. Flora: Heilung durch die Kraft der Steine, Ludwig 1996, ein sehr umfassendes Buch über Edelsteine

Samel, Gerti: Aromastoffe, Südwest 1999, ein handlicher Duftführer mit den Verweisen auf die vier Elemente

Scheffer, Mechthild: Bach-Blütentherapie, Heyne 1995, ein informatives Standardwerk zur Selbsthilfe

Schwarz, Aljoscha: Mit Musik heilen, Südwest 2000, ein Praxisbuch

Seiler, Susanne: Die richtige Therapie finden, rororo 1998, informatives Verzeichnis fast aller alternativen Therapien, auch der kuriosen

Senser, Anja, Lang, Klaus: Heilbuch der Druiden, Ludwig 2000, ein Praxisbuch des druidischen Wissens

Stoffler, Hans-Dieter: Der Hortus des Walahfrid Strabo, Thorbecke 2000, wunderbares Buch über Kräuter und Klostergärten

Tegtmeier, Ralph: Runen, Alphabet der Erkenntnis, Urania 1997, übersichtliches Runenverzeichnis

Walsh, Roger: Der Geist des Schamanismus, Heyne 1998, eine psychologische Betrachtung des Schamanentums

Weustenfeld, Wilfried: Astrokräuter für Leib und Seele, Ludwig 2000

Zehl, Hermine-Maria: Grundkurs Astrologie, Ludwig 1998, leicht verständliches Buch für Einsteiger

Impressum

Redaktion
Thomas Schulz, Karin Stuhldreier

Projektleitung
Karin Stuhldreier

Umschlag
Jan Dirk Hansen

Layout
Markus Nerger

DTP/Satz
Mihirye Yücel

Produktion
Angelika Kerscher, Gabriele Kutscha

Druck/Bindung
Alcione, I-Trento

Printed in Italy

Gedruckt auf chlor- und säurearmem Papier

ISBN 3-7787-5081-X

Über die Autorin

Ansha beschäftigt sich seit Jahren mit Magie. Sie versucht, eine Synthese zwischen alten magischen Praktiken und den derzeitigen wissenschaftlichen Erkenntnissen herzustellen – Beziehungen, die insbesondere zur Psychologie und zu modernen ganzheitlichen Heilmethoden bestehen.

Hinweis

Das vorliegende Buch ist sorgfältig erarbeitet worden. Dennoch erfolgen alle Angaben ohne Gewähr. Weder Autorin noch Verlag können für eventuelle Fehler oder Schäden, die aus den im Buch gegebenen praktischen Hinweisen resultieren, eine Haftung übernehmen.

Im Ludwig Verlag ebenfalls erschienen

ISBN 3-7787-3750-3